柴可夫斯基

Peter Llyich
Tchaikovsky

柴可夫
斯基

Peter Llyich
Tchaikovsky

皮波人物国际名人研究中心 编著

国际文化出版公司

·北京·

图书在版编目（CIP）数据

柴可夫斯基/皮波人物国际名人研究中心编著. —
北京：国际文化出版公司，2012.12
（名人传记丛书）
ISBN 978-7-5125-0439-4

Ⅰ.①柴…　Ⅱ.①皮…　Ⅲ.①柴可夫斯基，
P.（1840～1893）—传记　Ⅳ.①K835.125.76

中国版本图书馆CIP数据核字（2012）第211955号

名人传记丛书·柴可夫斯基

作　　者	皮波人物国际名人研究中心 编著
责任编辑	赵　辉
统筹监制	葛宏峰　刘　毅　任立雍
策划编辑	胡雪虎
美术编辑	丁鍏煜
出版发行	国际文化出版公司
经　　销	国文润华文化传媒（北京）有限责任公司
印　　刷	三河市嵩川印刷有限公司
开　　本	700毫米×1000毫米　　16开
	9.5印张　　　　　　　88千字
版　　次	2012年12月第1版
	2020年9月第2次印刷
书　　号	ISBN 978-7-5125-0439-4
定　　价	23.70元

国际文化出版公司
北京朝阳区东土城路乙9号　　邮编：100013
总编室：（010）64270995　　传真：（010）64271499
销售热线：（010）64271187　64279032
传真：（010）84257656
E-mail：icpc@95777.sina.net
http://www.sinoread.com

目录

目录

目录

音乐铸就的生命

初现音乐天赋

1840 年 5 月 7 日，伟大的音乐家彼得·伊里奇·柴可夫斯基生于俄国的沃特金斯克。父亲名叫伊里亚·彼得洛维奇·柴可夫斯基，是一家铁矿公司的经理。"富有同情心、乐观、率直"的性格使父亲在地方上颇有名望，他为人和善，虽然不是很聪明，却极能干而且吃苦耐劳。

柴可夫斯基的母亲亚历山德拉·安德列耶夫娜祖籍法国，虽然不太美丽，但是仪态稳重，个子修长，并且有一双传神的眼睛。她说一口流利的法语和德语，以她当时的社会地位而言，这种成就并不足为奇，而且这与柴可夫斯基作曲天才的发展没有直接关联。柴可夫斯基很敬爱他的母亲，母亲对他幼年时代的生活有非常重要的影响。

柴可夫斯基的家庭没有音乐背景，而且不像莫扎特或肖邦那样被誉为音乐神童，但是他自幼机敏聪慧，很有音乐天分，凭着自身的努力和毅力，终于成为一个伟大的作曲家。

柴可夫斯基 4 岁的时候，父亲给家中的孩子们请了一位女家庭教师劳妮·裘尔巴赫。劳妮主要教导柴可夫斯基的哥哥尼古拉和表姐莱蒂亚，但是小柴可夫斯基却缠着劳妮，什么都要跟着学。或许是年龄最小得到便宜，他得到了更多的关怀与照顾。

后来，劳妮曾回忆柴可夫斯基儿时的情景说："那个时候，彼得的衣服经常是肮脏不堪，纽扣残缺不全，或者是头发只梳了一半，其余的一半则乱成鸟巢状。"劳妮不懂音乐，她希望柴可夫斯基多学点其他的东西，少去弹钢琴。

"彼得比谁都用功，比谁都容易接收新知识，而且他在玩的时候也比任何人都开心……他很聪明，看来，我可真要小心地教育他。彼得生性敏感，常常为小事伤心，简直就像瓷器一样脆弱。惩罚对他并不是一个问题，因为一个别人丝毫不以为意的轻微批评都会让他难过大半天。"

由于课余时间有限，劳妮总是希望孩子们在这段时间能够好好锻炼身体，可是小柴可夫斯基却总不听话，一有时间就去弹琴。柴可夫斯基家中有一套播放音乐的设备，虽然劳妮极力

柴可夫斯基与全家人的合影

想让小柴可夫斯基减少对音乐的喜爱，却并没有收到什么成效。关于柴可夫斯基对音乐的第一印象及对莫扎特的崇拜，不能不归功于那套设备，像莫扎特、杜尼泽堤和罗西尼的乐曲，全都是从那里听到的。

柴可夫斯基凭借着对音乐的敏感，能正确地领略出任何一首曲子中的钢琴部分，在他5岁生日那天，家人又为他请来一位钢琴教师，教他弹奏钢琴及一般的音乐课程。结果，不到3年的时间，他就能拿起乐谱即席演奏了。据劳妮讲，音乐常常会让小柴可夫斯基激动。她曾记得有一次，家庭音乐会结束以后，她发现小柴可夫斯基在床头哭泣，口里嚷道："请救救我，这个音乐，这个音乐！"

劳妮告诉他："音乐早已停止了！"可是他仍然指着自己头喊道："不，它在这里，它在这里！我没有办法除掉它，它让我不得安宁。"劳妮曾经尝试类似治疗的方式希望能够让柴可夫斯基的冲动性格和病态的敏感好转。另外，她的教导能力也不错，因为小柴可夫斯基在6岁的时候已经能熟练掌握法语和德语了。

他的父亲在莫斯科找到了一份新的工作，全家在1848年9月起程赶赴那个城市。12天后，他们抵达莫斯科，但是那个可以多获一点报酬的职位却被父亲的一个不顾道德的朋友占去了。更糟糕的是，霍乱正在城市里肆虐，他们只好无奈地转往圣彼得堡。

小柴可夫斯基和哥哥尼古拉进入了一所寄宿学校就读。

同学们把他们称为"乡巴佬",没有同情心的老师也经常刁难这两个孩子,加上两兄弟又感染了麻疹病,祸不单行。哥哥的病经过医治后很快就痊愈了,但是柴可夫斯基却因为水土不服,病情没有丝毫好转的迹象,医生说他还需要经过半年的静养才能恢复健康。

这时,父亲在另外一个地方找到了一份工作,除了尼古拉一个人留在圣彼得堡继续读书外,其他的人又得跟着他再一次搬家。小柴可夫斯基除了因多次搬迁深感困扰以外,还得忍受与尼古拉分处两地的痛苦。其后的一段时间,虽然病情有所好转,但是他的性格却变得更加忧郁、孤僻。

最使柴可夫斯基的母亲感到烦恼及无奈的,就是小柴可夫斯基一天比一天懒惰,她写信告诉劳妮说:"彼得现在懒得不成样子了,什么也不肯好好学,我常常被他气得很难过。"直到一年以后,新的家庭教师来到以后,柴可夫斯基的情况才有些好转。他开始重拾荒废已久的学业。

当柴可夫斯基的弟弟出生后,他写信告诉劳妮:"天使们降临了人间。"虽然柴可夫斯基与阿纳托里和莫杰斯特在年龄上有一段距离,却与莫杰斯特非常要好。弟弟出生后不久,柴可夫斯基进入圣彼得堡的法政学校预科就读。由于学校离家很远,母亲特意嘱托老友瓦喀尔夫妇担任柴可夫斯基的监护人。

母亲的去世

1850 年 10 月，柴可夫斯基和母亲长途跋涉到圣彼得堡，一起观赏了格林卡的《为沙皇献身》歌剧，这件事给他留下了很深刻的印象。一切事情看起来都很顺利，但是母亲要离开时，柴可夫斯基非常痛苦，陷入了几乎疯狂的境地。据莫杰斯特后来回忆说，他的哥哥一生都不曾忘记当时那一幕痛苦的经历。

"母亲要走的时候，哥哥完全失去了控制，发狂似的缠着母亲，不让她走。安慰和答应很快就回来看他全都没有用，他好像一切都听不进去似的，死赖着母亲。虽然人们把他拖开，而且在母亲的车子离开之前不让他接近，但是当人们放开他以后，他还是失望地追赶……"

问题到此还远未终结。开学后不到一个月，学校里发现了猩红热，瓦喀尔夫妇立刻把在学校寄宿的柴可夫斯基接到家中。不幸的是，瓦喀尔夫妇的大儿子受到感染而死亡，柴可夫斯基反而幸免了。瓦喀尔夫妇虽然劝柴可夫斯基不要放在心上，但他由于内疚和自责而深感不安。柴可夫斯基要求父母亲准他回学校去住，但是家人的答复是必须等到传染病平息以后。

柴可夫斯基虽然神情沮丧而且思乡心切，可是第二学年的成绩却很有进步。再加上 1852 年父亲退休以后，全家又搬到圣彼得堡，柴可夫斯基因此与家人团聚，心情自然宽慰很多。夏天的时候，一家人愉快地去乡间度假。

进入法政学校后的柴可夫斯基，很快结交了一些新朋友，包括以后成为著名诗人的阿布赫金、爱好音乐的奥德莫夫等。该所学校偏重文学能力的发展而不注重音乐才能，但柴可夫斯基的表现依然不凡。自从离开劳妮后，只有进入政法学校的最初一年半的时间，是柴可夫斯基一生中比较安定和快乐的时期。

1854 年 7 月，14 岁的柴可夫斯基面临了一次重大的打击。他母亲感染霍乱病与世长辞了。我们不能揣测这件事对柴可夫斯基的影响如何，因为他并没有留下透露当时心情的过多话语，唯一留下的，是他在两年后给劳妮的信上所说的几句话："我母亲感染了霍乱，经诊治后，病情曾一度好转，但是好景不长……她在离开我们时，竟然没有来得及道别。"

在母亲去世一个月以后，柴可夫斯基写出第一首有名的乐曲。当年夏天，他虽然考虑过要为诗人奥克亥佛斯基的独幕歌剧谱曲，但是没有实现。

献身音乐梦想

柴可夫斯基曾在 1878 年这样写道:"在音乐方面,第一次给我留下深刻印象的是《唐·乔凡尼》。它唤起了我对音乐的痴迷,启发了我对音乐的爱好。是它带我进入了'艺术'的世界……莫扎特使我终生献身音乐,我对音乐的爱好远超过其他一切。"剧乐曲谱《唐·乔凡尼》是柴可夫斯基的姑母给他看的,同时她也鼓励他去唱歌及演剧。

柴可夫斯基除了向当地著名音乐老师学习声乐外,还拜德国著名钢琴家为师。这位钢琴家虽然对柴可夫斯基的作曲才能赞誉有加,却劝父亲不要让儿子从事音乐工作。他说:"首先,我看不出柴可夫斯基在音乐方面有什么天赋,其次,以我自己的经验来说,音乐家想要在俄国生存并不是一件简单的事。"

不过,几年以后,这位老师却坦诚他自己以前的观点错误:"当时我如果知道他会有今天的成就,一定会把每天的进度都记录下来。现在我要厚着脸皮说,没想到他真的有音乐细胞……他的确是个天才,听力和悟性都不错,而且别具风格，除此之外，没有别的资质可以显示他能成为作曲家或者是杰出的音乐演奏家。"

柴可夫斯基与老师皮考里所建立的友谊是一桩奇特的事情。皮考里是一个染发、涂面的怪人，而且说自己的年龄永远不到50岁。皮考里除了欣赏意大利的歌剧，其他的都不欣赏。柴可夫斯基也在一定程度上受到他的影响，一度把意大利歌剧作为修习的重心。

1859年，柴可夫斯基以全班第13名的成绩从法政学校毕业，接着他从事司法部的工作。他的工作能力和求学时的后半期一样不出色，但却凭着自己的努力进取，在9个月后升任主任书记官的高级助理。这时他最大的收获就是独立。

他一有空就在圣彼得堡的社交界打转，钢琴的造诣及英俊的外表使他很快就被周围的人赏识。夜晚的时候，他是剧院与芭蕾舞厅的常客与宠儿，他觉得在游乐场中要比司法部工作轻松舒适得多。1861年，他决定把音乐作为工作的重心。他写信告诉新婚不久的妹妹亚历山德拉说："父亲说我如果想成为

少年时期的柴可夫斯基

一个艺术家的话，似乎为时已晚，不过我很怀疑是否真的如此。但即使有天才，我也无从发挥，我是个必须力求上进的小职员，再说，我还得去学低音歌唱。"

柴可夫斯基在声乐的学习上获得了极为需要的信心，几个月后他乐观地告诉亚历山德拉："我现在学习歌唱很有进步，你可能在三年内就会听到我所演唱的歌剧。"年底他又写道："凭我这种非凡的天才，如果不在音乐方面求发展，似乎就太过愚蠢了，这一点我想你会同意，我只怕被自己的懒散习惯宠坏，否则我敢保证终会有所成就，幸好，现在还不算太迟。"

柴可夫斯基在俄国音乐学会学习一般的音乐课程，教师是崇尚德国音乐派的尼古拉·查伦巴。为了面对新的挑战，柴可夫斯基以无比的勤奋来发挥自己的音乐天赋，旧日的游荡作风全部收敛了。除了在 1862 年初为求再次晋升，勉为其难地努力工作外，他始终把音乐作为自己的精神寄托。

1863 年，俄国音乐学会获得了沙皇的支持，扩充为音乐学院，柴可夫斯基成为首批学生之一，继续跟随查伦巴学习旋律配合法、声乐、横笛、钢琴和风琴。他在入学两天后，写信给亚历山德拉说："我迟早要为音乐而放弃现在的工作的。别以为我只是在梦想成为伟大的艺术家……我只是觉得应当从事适合自己的行业。对我来说，不论是成为名满天下的作曲家，或只是为生活奔波的音乐教师，都没有什么不一样。在没有把握成为音乐家以前，我是不会把现在的书记工作辞掉的。"

虽然 1863 年时他曾再次得到晋升的机会，但是朋友们对他的音乐的欣赏使他受到鼓励，所以他辞而未就。他的朋友中，较有名气的，是比他年长 5 岁的拉罗什，他们自从在音乐学院相识以后，即结为好友。拉罗什对柴可夫斯基的天赋与潜能推崇备至，而他也就是因为具备这种观人于微的特殊眼力，后来才成为俄国最杰出的音乐评论家。

除了拉罗什之外，音乐学院的许多教授也都认为柴可夫斯基日后必成大器。据身为院长的安东·鲁宾斯坦回忆说："柴可夫斯基的学习态度相当惊人。有一次我上作曲课时，要他根据一首曲谱编写对位变换曲，我告诉他说'质'固重要，'量'也不可忽视。我本以为他交卷时至多 12 首，谁知第二节课他交出的竟然超过 200 首。"

柴可夫斯基和鲁宾斯坦两个人在彼此的关系未臻成熟以前，并不特别欣赏对方的音乐才华，但是熟稔之后就开始互相期许。柴可夫斯基对鲁宾斯坦的意见尤其看重。柴可夫斯基一直想把自己献身音乐的意向告诉家人。

1863 年 4 月 27 日，柴可夫斯基在离开司法部时写信告诉亚历山德拉说："我知道我将成为一个好音乐家，而且能靠着音乐过活。教授们很器重我，他们认为凭我的努力一定会前途无量。我并不是对你吹嘘（我不是那种人），我只是实话实说而已。我想学成以后到你那里去住一年，以便在安静的环境中谱写伟大的乐曲。"

亚历山德拉对哥哥柴可夫斯基的反应没有文件可查，不过他的哥哥尼古拉听说他要去从事那么一种"不高尚"的行业时，倒是十分惊讶。他讥讽柴可夫斯基"永远都不会成为另一个格林卡"。柴可夫斯基却满怀信心地答复尼古拉说："我也许永远不能成为另外一个格林卡，但是你有一天会以我为荣。"

与尼古拉的反对态度截然不同，柴可夫斯基从父亲那里得到了很多帮助。但是父亲的养老金有限，而且还要养活两个13岁的儿子，因此只能提供一间小屋和些许食物。不过柴可夫斯基并不在意，像这样的困苦生活已不再使他烦恼，他不但感激万分，而且心满意足。

这时，以往时髦的衣服变得褴褛不堪，同时，他还留着长发，这是模仿他所崇拜的偶像鲁宾斯坦。他靠教授钢琴的有限收入维持生活，可是弟弟莫杰斯特回忆道："柴可夫斯基比任何时候都开心。在一间只能容纳一床、一桌的小屋里，他过着那种艰苦却快乐的新生活。"

鲁宾斯坦和查伦巴属于古典派的音乐家，所以柴可夫斯基在这个时期所作的曲子都很接近那种流派，自是不足为奇。但是他一直对管乐器有特殊的感情，尤其当他在音乐会中了解了瓦格纳、李斯特等人如何在乐曲中运用管弦乐的力量以后，他那不肯拘泥于传统音乐形式的意愿就很难被压抑了。

1864年夏，当他做了葛理斯坦太子的上宾时，就开始脱离学院派的束缚，以崭新的风格创作乐曲。他对奥斯特洛夫斯基的剧本《暴风雨》特别喜爱，因此为它创作了一首序曲。

根据规定，音乐学院的学生过完暑假后，在开学的时候需要把假期作业交给院长。柴可夫斯基碰巧生病，于是就请拉罗什代他把《暴风雨》的序曲交上去，没想到他因此躲过了一场责骂，而拉罗什却惹来鲁宾斯坦的一顿责骂。鲁宾斯坦要看的是古典乐曲，当他看到歌剧音乐时自然是气愤难消，更糟糕的是柴可夫斯基竟然连管弦乐都搬了上去，这就犯了音乐学院的大忌。这件事成了柴可夫斯基与鲁宾斯坦感情交恶的开端。

由奥斯特洛夫斯基剧本改编的《暴风雨》序曲，直到柴可夫斯基死后才被编入作品集问世。虽然它并不是十全十美，但是却是柴可夫斯基早期音乐才能的一个代表作。

柴可夫斯基并没有气馁，他一方面继续学习，一方面在以后所写的两首序曲中减少了新潮的意味，以缓和与鲁宾斯坦的矛盾。第一首是利用《暴风雨》序曲中的素材所写成的《C 小调序曲》，第二首《F 大调序曲》则适于音乐学院交响乐团演奏及柴可夫斯基自己指挥。这两首曲子及其他作品在 1865 年的夏季举行露天演奏，结果非常成功，使处于困境的柴可夫斯基在精神上获得了很大的激励。

但是，在这时柴可夫斯基陷入了巨大的烦恼中。不停地工作带来了极度疲劳感、山穷水尽的经济状况，以及视力不佳等。这时安东·鲁宾斯坦介绍柴可夫斯基到莫斯科音乐学院任教，该学院的负责人尼古拉·鲁宾斯坦正是安东·鲁宾斯坦的老弟。柴可夫斯基计划在音乐学院毕业后前往任教，月薪是 50 卢布。

1865 年年底，柴可夫斯基为音乐学院的毕业典礼谱了一首抒情声乐歌曲，准备在第二年 1 月 12 日的毕业典礼上亲自演唱。不过，他由于过度紧张，竟然没有参加两天后所举行的毕业生口试，鲁宾斯坦很是恼火，宣称不让他毕业。好在过了几天后，他的怒气消了。柴可夫斯基虚惊了一场。

没想到柴可夫斯基的这首抒情歌曲却意外地惹起一场批判风暴，不但鲁宾斯坦认为需要修改，有名的作曲家也不以为然，一位作曲家甚至连着几个月都在对它作无情的攻击。

只有拉罗什对柴可夫斯基心悦诚服，他说："坦白地说，我认为只有柴可夫斯基才是俄国最伟大的音乐天才……他是我们唯一的希望。他的创作或许在五年内不会公之于世，但他那些成熟的正统乐曲较之任何其他的音乐作品都来得好……我对他未来成就的期望是远胜于对他那已完成作品的敬仰……"

几天之后，柴可夫斯基告别了圣彼得堡的家人和朋友，起程前往莫斯科就任新职位。他的心情低沉极了，他的前途未卜，不过正如洞察入微的拉罗什所说的，柴可夫斯基的音乐天赋已在这时开始获得启发，而渐渐地步入坦途了。

前往莫斯科

柴可夫斯基对莫斯科的新环境并没有感到特别兴奋，原因是他的思乡病和忧郁症已经和他结下了不解之缘。幸而尼古拉·鲁宾斯坦既有耐心，而且能容忍，加上这时柴可夫斯基的身份已经由学生转变为老师，因此才没有遭受到太多的折磨与痛苦。

柴可夫斯基发现尼古拉富有同情心，且为人和善，又毫无他哥哥安东·鲁宾斯坦那种高不可攀的态度，心中真有种如释重负的感觉。尼古拉虽然只比柴可夫斯基大 5 岁，但对待这位新人，就如同父亲疼爱儿子一般。柴可夫斯基写信告诉弟弟说"尼古拉就像护士一般地照顾我"。尼古拉不但对他关怀备至，要他和自己住在一起，而且还送他半打新衬衫，并找自己的裁缝师为他量制礼服。

柴可夫斯基在莫斯科时期，也建立了他一生中重要的两段友谊，一个是音乐学院的督学阿里布列赫特，另一个是音乐学院教授，也是拉罗什的密友卡什金。另外，他还有幸结识了出版商尤尔根松，这个人对俄国音乐的前途极具信心，日后，柴可夫斯基的许多乐曲都交给他出版发行。

一开始，柴可夫斯基很担心自己不能适应新的职位，不久即因日渐胜任教导工作而自感惊奇。他在 1866 年 2 月 19 日写信告诉亚历山德拉说："我现在对莫斯科的生活已渐渐能适应，但是有时难免感觉非常孤寂。最使我意外的，是我的讲授工作还能胜任，如今我极像一个老师。我的思乡病已经好得多了，不过莫斯科仍旧是一个陌生地方；如果想让我无牵无挂地在这里住上几年，现在还谈不上，说不定我终生都不会这么想。"

实际上，他的生活比信上所说的要愉快得多。他不但从阅读《狄更斯文集》获得了极大的乐趣，而且大部分的空闲时间还陪尼古拉涉足英国俱乐部。他日后的"嗜酒"与"能饮"的习惯，无疑都是在这时期养成的。在工作方面，他只修改过前一年做学生时所写的两首乐曲。鲁宾斯坦兄弟二人对那首《C 小调序曲》交相批评，柴可夫斯基在许多年后也承认它确实不好。

奇怪的是那首乐曲的原稿曾一度失踪，直至 1922 年重被发现后，方始出刊问世。不过，他那《F 大调序曲》却广受欢迎，经过修改之后，3 月 16 日由尼古拉指挥作首度演奏。他依照惯例，也把这事告知家人。他在写给孪生弟弟的信上说道："乐曲演奏过后，听众鼓掌请我再次出场。更令我高兴的是，尼古拉邀宴时，大家也一再地对我表示欢迎。我之所以再三地告诉你们这些，原因是我对自己的初次成功感觉特别兴奋。"

经过这件事情以后，柴可夫斯基收获到了信心，于是就着手编写《G小调交响曲》，但事实证明他在身心两方面都没有做好充分的准备。不久之后，当他在报上读到别人批评他乐曲的文章时，由于尚未学得反击的功夫来保护自己，因此久久不能释怀。

他写信告诉朋友说："我在阅读那篇批评文字时，几乎不知道该怎么办才好。只觉眼前发黑，头脑晕眩，我像个疯子似的跑出咖啡厅。我真不知道该如何是好。一整天我都在街上游荡，莫名其妙地自言自语：'我永远是一个没用的人……我是个无足轻重的家伙……我不成才……我休想有所作为……总结说来，即使我辛劳一生，也不一定就能做好什么事……我没有那种天才。'"

不管他当时是如何面对这些尖刻的批评的，但是这些却没有使他自暴自弃。他像平常一样，以加倍的热忱来努力工作，他日夜不休地埋首编写他的第一首交响曲。4月份的时候，他感到身体不适。他写信告诉弟弟阿纳托里说："我精神崩溃的原因有三个，一是交响曲的编写工作很不如意；二是鲁宾斯坦他们知道我比较冲动，竟然成天设法来刺激我取乐；三是我摆脱不了活不长久及留下未完成交响曲的想法。真希望夏天快点到来，我好回去休息并忘却一切烦恼……我恨所有的人类，真想退休下来，找个人烟稀少的乡野地方居住。"

圣彼得堡传来消息，说柴可夫斯基的《F大调序曲》在鲁宾斯坦指挥下，演奏得非常成功。一时，柴可夫斯基的心情开朗了不少，他写信告诉妹妹亚历山德拉说他的身体状况已大为见好。在这段时间，柴可夫斯基原本想去卡明卡旅行，结果却因道路不通只好作罢，改而陪伴妹妹的婆婆达维多夫夫人及她的女儿薇拉等人到别处去过夏。

起初，他非常欣赏乡村的宁静与美丽，愉快地浏览刚出版的舒曼乐曲及门德尔松的《意大利交响曲》来排遣时光。但当他重拾自己的交响曲工作时，所有的旧症顿时复发了。7月底，经医生诊治，他只有经过彻底的休养才能痊愈，柴可夫斯基只好停止了晚上的工作。

由于工作时间受到限制，加上工作本身又有困难，柴可夫斯基未能如愿在夏季把交响曲的工作完成，但在回莫斯科以前，他仍把这首未完的曲稿交给了鲁宾斯坦和查伦巴。但是，他们认为还得加以修改，才有演奏的价值，因此他的演出希望终告落空。

圣彼得堡的这种反应倒是让他的心情暂时缓和下来，而且回到莫斯科后，他还惊喜地发现薪金增加了一倍。这时，音乐学院已决定马上要迁到较大的地方去了。音乐学院的新址9月13日正式启用，柴可夫斯基在酒会中演奏格林卡的钢琴曲。

作为庆贺沙皇太子与丹麦公主结婚的礼物，尼古拉邀请柴可夫斯基根据丹麦国歌编写一首乐曲。柴可夫斯基编写交响曲的工作因此暂时停止。当皇室的新夫妇 11 月到莫斯科访问时，他第一次演奏那首祝贺乐曲，并获赠一对金袖扣。

柴可夫斯基的第一首交响曲在 11 月底完成后，尼古拉建议他作首次演奏，但他却要求只在莫斯科一地举行，结果效果不佳。后来，柴可夫斯基听从他人的意见，将它加以修改，送往圣彼得堡审查。其中有两段被认为"适合演奏"，而且确实曾经在 1867 年 2 月 23 日公开演奏，但是最后圣彼得堡仍将全曲退回。

演奏的失败及观众的批评，使柴可夫斯基变得心灰意冷，甚至把修改过的乐曲全部焚毁。至于原来的乐曲，则在一年后才有机会公开演奏。此时，他正在根据奥斯特洛夫斯基的剧本编写歌剧。一年前他写信给阿纳托里，首次提到自己的这个工作计划，说他在奥斯特洛夫斯基同意提供脚本后，真是既高兴又兴奋。

1867 年 3 月初拿到脚本后，他立即动手开始工作。可是，这次的合作已注定不会成功。柴可夫斯基因疏忽大意丢失了原稿，奥斯特洛夫斯基只好凭着记忆重新再写，但以后却杳无音讯，这使得柴可夫斯基失去了耐心，合作的基础也因此而逐渐动摇。

夏天，柴可夫斯基陪着妹妹的婆婆及家人在哈布沙尔度假时，他与奥斯特洛夫斯基的合作宣告破裂。但他并未因此气馁，他决定要独力完成。

当时他的精神状态很好，他甚至还写了一组由三首曲子合成的钢琴乐曲赠送给薇拉·达维多夫，其中，编为第二号的乐曲名为《哈布沙尔的回忆》。

柴可夫斯基仍然摆脱不了自怨自艾的情绪，他写了一封信给妹妹亚历山德拉："我对生活感到厌倦了……梦寐以求的是一种宁静、庄严及神圣的环境，而那只有和你一起时才能享受得到。你一定要把你的母爱分一部分给我这疲倦的哥哥。或许你会认为我的这种心境很容易使人联想到我该结婚了。不过，我并没那么想。我的疲乏已使我怠惰得不愿结婚、成家，以及担起养活妻子儿女的责任。总而言之，结婚对我来说是一件不可能的事。"

这可能是将在 1877 年爆发的"火山"预先传出的信号，后来，心中的苦闷终于逼使柴可夫斯基决定结婚，但婚后的一切却很不如意。他在 1867 年年底的许多信件中提到"酗酒"问题，这极可能是他参加社会活动过多所导致的。

不过他仍然在 12 月完成了歌剧《Voyevoda》，据莫杰斯特说它很成功，这由它在同一季中上演过 3 次可以证明。柴可夫斯基的作曲生涯，在 1868 年 2 月 3 日，第一次向前跨进了一大步。这时，他的第一首交响曲初次在莫斯科作盛大的演奏。

据莫杰斯特说，"它的成功超过了所有人的期望"。柴可夫斯基也听取了别人的意见，首次在一次慈善音乐会中担任指挥。卡什金日后回忆起当时的情景说："我到后台问他有什么样的感觉，他说很奇怪，自己竟然一点都感觉不到紧张。但我看他在台上显得十分忙乱、胆怯，似乎还感到很狼狈。虽然乐曲都在他脑子里，但他指挥时不看曲谱，所以经常出现差错。幸好交响乐团的人都对乐曲熟悉，他们不管柴可夫斯基如何指挥，仍在笑声中把舞曲演奏得很出色……"

柴可夫斯基再次大胆地公开指挥演奏，是 10 年以后的事；而他终于能够克服对指挥台的惧怕时，时光已经再过 10 年了。尽管柴可夫斯基的指挥工作未尽理想，但慈善音乐会却产生了另一种重要的影响。音乐会中演奏的乐曲，包括了里姆斯基·科萨柯夫的《塞尔维亚主题幻想曲》，排演时柴可夫斯基就对这曲子产生了深刻的印象。

在音乐会结束几天后，有人写文章批评《塞尔维亚主题幻想曲》，说这部曲子缺乏格调及活力。柴可夫斯基非常气恼，写了一篇长文为里姆斯基·科萨柯夫辩护。里姆斯基·科萨柯夫是新派作曲家之一，他实际掌握了圣彼得堡的音乐领域。新派乐曲运动以格林卡为其灵魂，著名的评论家斯塔索夫对此拥护不遗余力。此事曾经在社会上轰动一时，并使得柴可夫斯基与俄国新派作曲家产生了亲密、和谐的接触。

新派作曲家极力主张为俄国人编写俄国音乐，绝对不受西方的任何影响。他们轻视鲁宾斯坦及他的学生那种无条件接受西方观念的作风，反之，鲁宾斯坦阵营也对新派作曲家不满。柴可夫斯基早先就曾以不屑的口吻，说那类的爱国主义者是"圣彼得堡的外行人"。

柴可夫斯基的文章发表以后，自身发生了很大的变化。新派作曲家看到鲁宾斯坦的门徒如此支持他们，自然非常高兴，因此当柴可夫斯基和他父亲到圣彼得堡的复活节时，受到他们的热烈欢迎。

　　柴可夫斯基虽也经常向新派作曲家请教，但对他们并未予以全力支持。他在1878年写信告诉梅克夫人说："圣彼得堡的作曲家很有天赋，但是他们都傲慢得可怕。他们认为自己比世界上所有的其他音乐家都好，那种信念很幼稚，也很外行。"

　　先不论柴可夫斯基当时的内心究竟作何想法，至少表面上公开存在着一种美好的关系。这种情形正如莫杰斯特所说："柴可夫斯基和新派作曲家间的关系可以比喻成两个友善的国家，他们虽有共同的立场，但是各自独立生存并保持着自身的利益。"

　　柴可夫斯基1868年和他的得意门生与密友席洛夫斯基在巴黎过夏。他对巴黎歌剧院的演出水平有很深刻的印象："它对每一部分细节都很重视，因此纵然在无关紧要的地方也能产生出良好的效果，但我们却对那种表演方式丝毫没有概念。"

　　9月回到莫斯科时，他发现薪金又有增加，同时《Voyevoda》也正准备在10月演出。不过他却在9月底自行要求延期排演，理由是意大利歌剧团访问莫斯科时，交响乐团的人及合唱团的歌手将会分心。但事实证明那并不是唯一的理由。

痛苦的初恋

意大利歌剧团表演季于 9 月 23 日揭幕，柴可夫斯基前往观赏罗西尼的《奥泰罗》，该表演最出色的地方不是舞台的设置，也不是歌唱。唯一与众不同的是一个 30 岁的女人。据拉罗什的说法：

> 她的外表虽说不上美丽，但却有一张热情且富于表情的面孔，她的名字是黛西莉·阿尔托。
>
> 刚刚步上艺术巅峰的黛西莉·阿尔托，是著名的角笛手阿尔托的女儿，她的叔父也是一位有名的提琴家。她曾拜师于名门，她的嗓音有力，很适合表达戏剧的深度。
>
> 如果说，在全部音乐世界及整体抒情歌剧领域中，没有一种形式是这个可爱的艺术家不能以声音表达出来的话，绝非是大话……我曾说过她不美丽，然而她不需要凭借人工修饰，她的魅力就足以赢得每个人的心，以及让每个人都注意她，好像她是绝代美人似的。

那一晚，柴可夫斯基的心无疑被她给赢去了，他疯狂地爱上了她。黛西莉·阿尔托成为他所迷恋的对象。他毅然地把新交响诗《Fatum》的编写工作抛在一边，立即改写了一首钢琴曲《F调浪漫曲》给她，两人结为亲密的好友。

柴可夫斯基于 10 月 21 日写信告诉阿纳托里说："我和黛西莉已经成为要好的朋友，而且我很高兴了解了她的特殊性格。我从来不曾见到比她更和善、更美好或更聪明的女人。"

传闻柴可夫斯基与黛西莉在圣诞节时可能结婚。柴可夫斯基 1869 年 1 月 7 日和他父亲讨论过这件事情：

> 您无疑已听到我订婚的谣言，而且也可能因为我的闷不作声而觉得受到了伤害。现在，我要把全部经过告诉您。我是今年春天才认识黛西莉·阿尔托的，但只在她义演后的晚宴席上见过她一次。她秋天回到这里的时候，我一整月没去找过她。然后我们无意中又在一个音乐晚会中见了面，她奇怪我为何不去找她，我就答应不让她失望——若不是安东·鲁宾斯坦路过莫斯科时拉我去参加晚会的话，我绝不会做那种承诺的。
>
> 以后，我经常接到她的邀请，去她家成了我每日的生活习惯。我们随后陷入爱河，而且对彼此有了深切的了解。结婚问题自然马上产生，如果没有阻碍的

话，婚礼将在夏天举行……

我的朋友中尤其是尼古拉，极力劝阻我们结婚。他们认为我如果和一个有名的歌手结婚，那我就得扮演"我妻子的丈夫"那种可怜角色，同时还要花她的钱，陪她去欧洲各地……如果她不肯放弃舞台生涯，我就必须考虑牺牲自己的未来，如果我盲目依从她，显然我必将丧失所有独立生存的机会。

您从我朋友的这些意见中，该可看出我的处境是多么困难。一方面我很爱她，深觉没有她我就活不下去；另一方面理智却让我仔细考虑我朋友告诉我的那些不良后果。亲爱的父亲，请您告诉我，您对这件事情有怎样的看法。

他父亲的意见模棱两可，对他的困难一点也帮不上忙。好在1月底传来的消息使他摆脱了麻烦，阿尔托小姐事先没有与柴可夫斯基打半句招呼，就和一个西班牙男中音歌手在华沙结婚了。

趁着《Voyevoda》再次排演的机会，尼古拉很高兴地把此事告知柴可夫斯基。尼古拉讥讽地说："我早就告诉过你，她并不需要你来作为她的丈夫。现在，你看看，我说得没错吧？那个西班牙人和她结婚是对的。你是我们俄国所需要的人，你不应该做外国人的仆从！"

幸灾乐祸的尼古拉说这话时，柴可夫斯基脸色苍白。他急匆匆地跑出了剧院。好在他悲伤的时间并不太长，实际上，他的自尊心所受的打击远大于他内心遭受的痛苦。他把迷恋错认作是爱情，而且将阿尔托小姐的女人与歌手的双重身份混为一谈。

显然，阿尔托的事没有进一步影响到柴可夫斯基的事业，因为几天后他仍然回来参加排演。不过这时，他虽然摆脱了一个强而有力的异性的掌握，但在 8 年以后，却再也没有如此幸运了。

《Voyevoda》于 1869 年 2 月 11 日举行首次公演，热情的观众使柴可夫斯基谢幕 15 次之多。他对于自己的初次成功非常高兴，但他对歌剧的兴趣却在《Voyevoda》第四度上演之后即告消散。

这次外界的评论颇令人满意，但拉罗什却说那出歌剧"缺乏俄国气质及充满德国与意大利的守旧主义"。柴可夫斯基为此深感不悦，两个人因而失和多年。不过柴可夫斯基最后还是接受了拉罗什的批评，将大部分乐曲毁弃，只留下受欢迎的序曲，以及一首合唱曲、一首间奏曲和舞曲。

《Voyevoda》首演过后两个星期，尼古拉初次指挥演奏《Fatum》，莫斯科的听众对它表示热烈欢迎，可是以后的成绩还是《Voyevoda》比较好。在莫斯科演奏过后，柴可夫斯基就把《Fatum》乐曲送给了巴拉基列夫，希望他能在圣彼得堡演奏。柴可夫斯基说："我要把这乐曲献赠给你，不过我希望你能先保证并不讨厌它。"

巴拉基列夫在 3 月 29 日担任指挥演奏《Fatum》,事后,他写了封信给柴可夫斯基:"你的《Fatum》已经演奏过,我要大胆地说成绩不错,至少看起来每个人都对它感到满意。至于掌声不多的原因,是结尾时的乐器声响得太可怕。我自己却不满意这乐曲,它未经过精心构思,有的地方像是急着赶出来似的,而且演奏时有许多衔接的地方能清楚地被听出来。

"拉罗什说我对古典音乐没有充分研究,可是我倒自认不太熟悉现代音乐。你永远没办法从古典作曲家学到自由的形态;你在他们身上找不出新东西来……李斯特的乐曲也在同一音乐会中演奏,你将会发现那乐曲形式是多么奇特——每一段的衔接是多么自然。但这并不是偶然的。或者以格林卡的《马德里之夜》为例,那首序曲的各部分接合得又是多么美妙!

"《Fatum》所缺少的正是这种有系统的连贯性……我坦率地写信告诉你这些事,绝对相信你不会放弃把它献赠给我的念头。你这份献赠十分珍贵,那足以表示你对我的关心,我十分感谢你的美意。"

柴可夫斯基虽把《Fatum》乐曲赠予巴拉基列夫,但并没有答应将它出版。几年后,他把它毁弃,不过遗留的一部分在他去世后又被发现,经过一番整理,出版时被编列为第 77 号。

《Voyevoda》及《Fatum》先后失败后,柴可夫斯基把希望寄托在 1 月份开始的新工作上。他把莫特·富克著名的故事《水妖记》（Undine）译成俄文歌剧，并在夏季结束时完成，可惜送到圣彼得堡审查时，主事者互相推诿，直到1871年仍然未获通过。他一怒之下，在两年后将乐曲取回，付之一炬，至此，他的失败纪录总共达到3次之多。

不过，他在焚毁这乐曲时，仍然留下了四章：其中有一章结婚进行曲以后成为《第二交响曲》的第二章；一章爱情二重奏成为《天鹅湖》中有名的慢板乐曲，而且在配以抒情器乐曲以后，更成为奥斯特洛夫斯基《雪娘》乐曲中的一部分。由此可知，柴可夫斯基绝不是一个浪费好材料的人。

由于接二连三地遭受打击，柴可夫斯基变得意志消沉，他再次对自己的前途感到迷茫。在回莫斯科的途中，他的心情简直坏到了极点。不过，他随即发现，还有件事必须由他出面打抱不平。这一次是巴拉基列夫在5月被强迫辞去圣彼得堡音乐学院的工作，因音乐学院院长的音乐立场与喜好和他的意见相左。

柴可夫斯基认为这是对艺术工作的不正当干涉，于是按照过去对里姆斯基·科萨柯夫事件的做法，发表文章攻击院长，并极力为巴拉基列夫辩护。里姆斯基·科萨柯夫在回忆录中说，柴可夫斯基那篇文章的"热情与力量使每个人都很感动"。

那篇文章使得柴可夫斯基和爱国主义者之间的关系更为加强，他和巴拉基列夫在1870年秋季也经常在一起。但是柴可夫斯基对这种友情多少仍然有所保留。后来，他曾对阿纳托里说："巴拉基列夫虽然是一个大好人，而且对我也很不错，可是我依然不能和他坦诚相处。我不喜欢他那器量狭小的音乐见解和尖酸刻薄的谈吐。"

实际上，他与巴拉基列夫相处的时候，生活的确比他所想象的要幸福多了。柴可夫斯基回到莫斯科以后，痛苦地抱怨缺乏音乐灵感，唯一的作品只有受托为鲁宾斯坦的歌剧所写的钢琴序曲，最后还是接受了巴拉基列夫的劝告，才着手编写另一首新的重要乐曲。

满载音乐的青春

悲与喜的奏鸣

柴可夫斯基听从巴拉基列夫的劝告，10月底开始编写《罗密欧与朱丽叶》的序曲。这个凄美的爱情故事激发了柴可夫斯基的想象力，工作进行得很顺利，一个月就宣告完成。

他把它的主题曲送请巴拉基列夫发表意见及接受献赠。巴拉基列夫答复说，"乐曲开始时像海顿的四重奏，爱情主题虽然不错，但它似乎缺少一种神秘的、内心的以及灵魂深处的爱"。

纵然遭受这样的批评，巴拉基列夫在回信结尾时仍说："我迫不及待地等着你的全部乐曲，以便能对它拥有正确的印象，很高兴你把它献赠给我。这是你第一份包括这么多美好内容的杰作，我要毫不迟疑地说它一切都很不错。"

1870年3月16日，由尼古拉·鲁宾斯坦所指挥的《罗密欧与朱丽叶》在莫斯科举行首演。根据卡什金的说法，那场演出非常失败，主要是因尼古拉刚好前一天被牵扯进一件诉讼案件中，听众把好奇心全部集中在他本人身上，反而对乐曲漠不关心。

不过尼古拉对那首序曲却很热心，他想找一家德国公司为它出刊发行。经过柴可夫斯基在 1870 年加以修改后，1871 年 5 月即告问世。但巴拉基列夫却不以为然，他说："你和尼古拉不应急于把它出版。修正本中虽然已经改正了一些缺失，我仍希望它能够再好一点……"

虽然《罗密欧与朱丽叶》在多年后才广受欢迎，柴可夫斯基却自认为它"非常成功"。他在它中间发现了完整的主题，而且把莎士比亚的悲剧成分交织在抽象的剧乐中。那一对爱人的命运是他所关切的主题，毫无疑问，他使听众觉得他们的悲剧实际上就是他们精神的胜利。

他在 1869 年后半期的工作并不只限于《罗密欧与朱丽叶》，11 月及 12 月又写出第一套歌曲，其中包括有名的《寂寞的心》。他同时也在寻找新的歌剧题材，选的是植物学教授罗珍司基的剧本《Mandrago》。不过他的朋友们，尤其是卡什金，认为它的舞台效果"没有可以发挥的余地"，比较适于芭蕾舞剧，劝他不要改编成歌剧，因此，1870 年 1 月他仅仅写出一首曲子。

柴可夫斯基放弃了《Mandrago》以后，便以历史小说《禁卫兵》作为题材来编写乐曲，于 2 月份开始工作。他一开始就抱怨进度缓慢，加上《罗密欧与朱丽叶》首演失败，让他的心情变得更为低落。

让他烦恼的不仅仅是进度缓慢。2 月 17 日，他在给亚历山德拉的信上说："令我苦恼的是在莫斯科没有真正要好、熟识及相处得来的人。如果有你或像你一样的人住在这里，那我该有多么高兴。我很想听到小孩的声音及分享家庭的天伦之乐。换句话说，我需要的是家庭生活。"

他消极的情绪在两个月后仍没有好转的迹象。在他写给朋友的信中可以发现，他的精神已经处于崩溃的边缘，音乐学院的工作也使他厌烦，他还说编写乐曲进度缓慢的原因极可能是"没有一个人对我的作品感兴趣"，"我真怀疑能否在两年内完成手头的这个工作"。

柴可夫斯基得知席洛夫斯基病重时，随即准备行装，前去巴黎探望。途中，他在圣彼得堡小作停留，得知《水妖记》审查未获通过。柴可夫斯基发现席洛夫斯基的病况较想象的要好很多。他们两人在两个星期内搬到偏远的地方去住，可是那里的恶劣气候使柴可夫斯基的心情更坏，只有当他出席贝多芬《庄严弥撒曲》的演奏会，及陪同尼古拉一起去旅游时，才略感轻松。不过，他发觉尼古拉"已在赌博上输得精光……但他说要在离去以前抢劫银行"。

普法战争于 7 月爆发，二人被迫到中立的瑞士去住了 6 个星期。此时，柴可夫斯基开始着手修改《罗密欧与朱丽叶》序曲。9 月，柴可夫斯基回到莫斯科，他又拿起《禁卫兵》来，但是进度仍然不比以前来得好。他甚至考虑放弃它，改而编写四幕芭蕾舞剧《仙履奇缘》，后来又改变了主意。除了修改《罗密欧与朱丽叶》以外，1870 年秋季他只写出三首沙龙乐曲。

由于正值新年，柴可夫斯基的手头极感不便，他只好听从尼古拉的建议，举办自己的作品演奏会。交响曲节目成本太高，自然无法考虑，因此他决定编写弦乐四重奏乐曲，以便举行室内音乐会。由于知道自己的吸引力不足以使俄国贵族协会大厅客满，柴可夫斯基因此邀请尼古拉、红歌手拉夫劳斯卡亚，以及音乐学院的四重奏乐队助阵。演奏节目包括《寂寞的心》及《Voyevoda》中的选曲，而柴可夫斯基在 2 月间匆忙写成的《D 大调弦乐四重奏乐曲第一号》也在这时作首次的公开演奏。

1871 年 3 月 28 日夜晚所举行的这场全部是柴可夫斯基乐曲的音乐会，空前地成功。当时正在莫斯科访问的名小说家屠格涅夫也出席了，更使音乐会生色不少。

柴可夫斯基在音乐会结束后，仍继续编写《禁卫兵》，但他发现在莫斯科工作越来越吃力，他对妹妹亚历山德拉抱怨说："我需要一个安静的环境以便安心地作曲，可是我几乎从来没拥有过。当我在音乐学院或空闲时间工作时，每天都忙乱得不得安宁，常常有人找我外出，有时家中客人不断，再不然就是累得只想倒头就睡……今年夏天我一定要到你那里去。"

他在 6 月带着兴奋的心情去到卡明卡，几乎整个夏天都在那里享受乡间的宁静。度过这段平静的生活后，他决定回到莫斯科后要从尼古拉吵乱的家中搬出来，另选比较安静的地方居住。结果，他租了一幢有 3 个房间的住所，以他有限的财力将它加以适当装修——一张大沙发，几把廉价的椅子，墙上挂的是安东·鲁宾斯坦的画像。

他雇用了一个名叫索伏朗诺夫的男仆，后来他的弟弟接替了这项工作，成为柴可夫斯基的忠诚伙伴。莫杰斯特说："柴可夫斯基就是这样地过着他的独立生活，直到32岁。"

为了想多赚点额外收入，他开始写一些简短却很精致的音乐批评文章。这些文章虽然没有什么文学价值，但他对音乐的意见却很引人注意。例如：他评价《罗恩格林》序曲"可能是德国名作曲家瓦格纳最成功及最动人的作品"；《第八交响曲》是贝多芬"无可比拟的"作品之一；而肖邦的《E小调协奏曲》则有些"冗长、愚拙及陈腐"；此外，他对舒曼的《第四交响曲》也有所批评。柴可夫斯基的这种音乐评论写作，直到1876年才停止。

1871年秋季，柴可夫斯基几乎把所有的闲暇时间都用来编写《禁卫兵》。巴拉基列夫虽曾多次向他建议编写其他乐曲，但都被他一一回绝。他说："我敢说，虽然这出歌剧将和之前作的《水妖记》一样遭遇到不幸，但我仍想把它完成，因此现在我还不能开始其他的工作。"

音乐学院的工作慢慢地变成他的负担，当1871年冬季音乐学院因经济困难而面临关闭的危机时，柴可夫斯基告诉阿纳托里，说他会因为音乐学院的解散而难过，但他却也欢迎这种改变，因为他对这工作感到乏味极了。

更令他情绪低落的是歌剧编写工作进度依然缓慢，所以席洛夫斯基在 12 月初提议到法国及意大利去旅行时，柴可夫斯基为了暂时离开莫斯科，立刻表示同意。他在 12 月 14 日写了封信告诉阿纳托里说："我要让你知道，经席洛夫斯基极力邀请，我要出国旅行一个月。10 天以后就动身，但除了尼古拉以外，别人都不知道……"

柴可夫斯基发了一封信给阿纳托里，说那里的温和气候很让人舒服，但是，他的信中也透露了伤感："我年纪大了，不能再享受别的了。我现在是生活在记忆和希望中。可是还有什么好希望的呢？"

一个月以后柴可夫斯基回到了莫斯科。旅行期间，也只写出《F 大调夜曲》和《G 小调谐谑圆舞曲》两首钢琴曲，他把它们全都献赠席洛夫斯基。

1872 年 2 月及 3 月，他仍在编写《禁卫兵》，同时为庆祝彼得大帝 200 岁诞辰，他受托撰写纪念性的清唱剧。

5 月底，歌剧《禁卫兵》完成以后，柴可夫斯基将它交给了身为圣彼得堡歌剧院指挥及日后极为拥护他的纳甫拉夫尼克，并于第二年 11 月审查通过。当时，柴可夫斯基正在着手以 C 小调编写第二首交响曲。

在繁重的工作结束以后，柴可夫斯基想休息一段时间，所以第二交响曲刚一开始编写就几乎立即罢手了。但他终于在 11 月底将它完成，而且在 11 月 14 日写信告诉莫杰斯特，"进度尚且称得上满意"，"交响曲现正接近完成阶段，我忙得没办法去过问别的事……这可说是我最好的作品，至少在形态方面如此……"

当年的圣诞节，他得知《禁卫兵》可以在剧院演出，心中很是高兴。他在圣彼得堡停留期间，参加了里姆斯基·科萨柯夫家中的酒会，并演奏新交响曲的最后乐章。后来，他告诉莫杰斯特，人们对他这首根据俄国民歌编写而成的新交响曲很欣赏。

他也请斯塔索夫为他未来的新交响曲提供素材，对方提出很多宝贵的建议。

在听过斯塔索夫讲述《暴风雨》的详细情节后，柴可夫斯基决定下一首交响曲就以它为素材编写。《C 小调第二交响曲》于 1873 年 2 月 7 日，在莫斯科首次演奏，指挥者是尼古拉·鲁宾斯坦。柴可夫斯基在第二天写信给斯塔索夫，说它"空前成功"。

拉罗什也对它有很好的评价，他说："我很久没见到这样美好的艺术作品……"因拉罗什等大多数音乐批评家的推崇，《第二交响曲》奠定了柴可夫斯基日后受欢迎的基础。同年 3 月 7 日，柴可夫斯基又做了第二次演奏，而他无疑也因此成了名。

不平坦的音乐之路

1873 年 3 月，柴可夫斯基接到莫斯科皇家剧院的邀请，为奥斯特洛夫斯基的新剧《雪娘》配乐，他的名望进一步被确立了。19 节乐曲在 3 个星期内完成，柴可夫斯基一时颇引人注意，尽管剧本本身并不怎么轰动，他却因此获得了 250 卢布的报酬，使他得以在第二年出国旅行。德国、瑞士、北意大利及法国巴黎之旅确实多彩多姿，柴可夫斯基在旅游期间又恢复了往日记日记的习惯。

莫杰斯特说："对柴可夫斯基来说，每一天都很有价值。他想到必须与消逝的岁月做斗争，及忘却每天的生活痕迹时，就非常难过。他写日记的目的，是为了便于日后回忆这段经历与这期间的生活情形，因为，从陈年旧事中保留一些值得怀念的事情，是一件快乐的事情。"

柴可夫斯基认为幼年时期的日记是可笑的而且毫无意义的，于是把它们全都毁掉。以后的日记虽也都不想保留，但理由却不尽相同。他弟弟记得，柴可夫斯基自重新开始写日记以后，大约有 10 年的时间未曾间断。

他说："他从来不拿给别人看，因此我不得不向他保证，一定在他死后把它都给烧毁。"

事实上，莫杰斯特也依照柴可夫斯基的遗愿，焚毁了他的许多日记和信件，人们纵使想保留他的私人生活记录也未能如愿。不过，至今保存下来的柴可夫斯基日记中很有些值得阅读的内容。例如，我们知道 1873 年夏季旅行时，他有意开始编写新交响曲。他在 6 月 23 日的日记中写道："昨天前往基辅途中，沉寂已久的音乐重新在我的脑海中回响。我心中孕育着 B 大调的乐曲主题，那使我全神贯注，几乎立即就想编写交响曲。我突然想把斯塔索夫的《暴风雨》序曲暂时搁置，夏天写一首比之前作品都好的交响曲。"

青年时期的柴可夫斯基

他在以后的日记中仍继续把乐曲作为主题。不过虽然在日记中计划要编写一首快板的曲子，当年夏天他却没有完成自己的计划。

回到俄国后，柴可夫斯基暂时居住在席洛夫斯基的家中。在 5 年后写信给梅克夫人时，说出了他在那两个星期的生活情景："当时我的心情非常兴奋与激动。白天尽情在森林中游荡，黄昏在草原上消磨，夜晚坐在窗前倾听无限的寂静。在那两星期中，我好像受到一种神奇力量的影响，毫不费力就构思出《暴风雨》序曲的轮廓。"

他虽在当年秋季忙于教学等工作，仍然将莎士比亚的《暴风雨》序曲编写完成。

歌剧《禁卫兵》也是他所关心的一件事，它的首演之期尚未决定。他在 12 月写信给获得唯一出刊权的出版商，提到皇家剧院有意演出，而且保证做到尽善尽美，但他坚称"除非也在圣彼得堡演出，否则绝不同意它在莫斯科露面"。最后，由出版商代他在 1874 年 1 月底将问题彻底解决了，剧院要求删减的部分，柴可夫斯基均表示可以接受。

《暴风雨》12 月 19 日的首演，受到与《第二交响曲》一样的欢迎。

1874 年 1 月间，柴可夫斯基集中精力编写一首新的弦乐四重奏乐曲，完成后在鲁宾斯坦主办的音乐会中演奏。卡什金回忆说："1874 年初期时，第二首《F 大调弦乐四重奏》乐曲在鲁宾斯坦家中的音乐晚会上演奏。我相信东主尼古拉·鲁宾斯坦不在，但他哥哥安东·鲁宾斯坦当晚曾经出席。

"安东始终以不满意的态度聆听演奏，最后以习惯性的粗率语气，说那根本不属于室内乐形态，及他自己不懂那作品等一类的话。其他听众及演奏的人都被他那些话逗得大笑。"

虽然鲁宾斯坦对四重奏乐曲表示不满，3 月 22 日第一次公开演奏却非常成功。此时，《禁卫兵》正准备在圣彼得堡排演，柴可夫斯基应纳甫拉夫尼克的邀请，于 4 月出席参加。由于一再被迫同意删减及修改内容，到了最后，他已开始对这新作品产生反感了。

4 月 6 日他告诉阿里布列赫特，说那歌剧实在不好，他劝朋友们首演时最好不要出席，可是没人理会。4 月 24 日首演那天，鲁宾斯坦及几乎莫斯科音乐学院所有的人都出席了那场成功的演出。柴可夫斯基在演毕的宴席中，获得 300

卢布的奖金。

不过报界对它的批评却比较复杂。丘伊曾说："歌剧的内容等于是小学生的作品，而且，乐曲也是同样地不自然与不成熟……柴可夫斯基的创作天才，虽然有时在他的交响曲中鲜明地流露，但在《禁卫兵》里却完全没有。"

拉罗什另有一番见地："在《禁卫兵》中，乐曲美得可使它在他的作品中占有重要地位，而且在所有的俄国剧乐中也属不可忽视。"

柴可夫斯基承认丘伊的批评不无道理，为了避免再看到类似的文章，在首演两天以后，他就到了意大利。虽然情绪不佳，他仍访问过罗马、佛罗伦萨和威尼斯，不过那些美丽的城市都没能排除他心中的烦闷。

5月2日他写信告诉阿纳托里说："我离开俄国已经8天，这期间我未曾对任何人谈过一句友善的话。除了旅馆雇工和铁路人员以外，没有人听我开过口。"

他在5月9日给莫杰斯特的信中，同样地表示出感伤："你想象不出还会有谁比我更难过……我一切的伤感主因都是来自《禁卫兵》。"

以后他在信中又谈起那恼人的歌剧："它非常失败，我常在排演中途离席，以免再听到它……它不但缺乏灵气，而且也没有动感及风格。我相信它演出的机会不会超过6次。"

结果和他悲观的推测正好相反，它先后演出过14次。正如莫杰斯特所说的，"比较同时期的其他歌剧而言，它很成功"。柴可夫斯基的意大利之行并没治愈他心灵的创伤，回到俄国后，为了想证明自己能编写出比《禁卫兵》更好的作品，他6月中旬开始埋首编写另一首新歌剧。

俄国音乐协会曾经举办过一次征曲竞赛活动，入选者除了可以获得现金奖以外，作品还可以在马林斯基剧院上演。柴可夫斯基原本不想耗费时间编写歌剧，除非把握确实能够演出。这次见到这样的机会，不禁磨刀霍霍。经查证，巴拉基列夫、安东·鲁宾斯坦，及里姆斯基·科萨柯夫等人均无意参加后，他自认颇有信心拔取头筹。

他在一个月内完成了参加竞赛的作品《铁匠瓦库拉》，但匆忙中未注意收件截止日期是在一年以前的同一天。发现错误后，他不但未耐心等候，反而不理会不可公开参加竞赛人姓名的应征规定，径自进行游说，并请纳甫拉夫尼克等人允准他的应征作品演出。

柴可夫斯基这种"不可思议的天真行为"，不但受到了严重斥责，而且还被要求给纳甫拉夫尼克递交了一份很长的道歉书，承认自己犯了"拙笨的错误"，并说明自己毫无恶意。虽然低声下气地表示忏悔，柴可夫斯基却没有放弃想赢得竞赛的念头，他只不过暂时按兵不动而已。

为了这件事，他在1874年冬季时，脾气变得坏透了，由于急于要演出《铁匠瓦库拉》，加上自己的工作进度不是很理想，他的心情恶劣到极点。纵使圣彼得堡的消息传来，《弦乐四重奏》乐曲及《暴风雨》的首演都很成功，他仍然提不起精神来。

他只在拉罗什严厉批评《暴风雨》后才有了反应："他竟然暗示我的作品素材都是取自别的作曲家，没有丝毫自己的成就，那真让我气恼！"

好在《禁卫兵》在基辅演出很成功，柴可夫斯基的心情暂时轻松了些。他在12月3日把不与人往来的实情告诉阿纳托里。他说："我现在把全部精神都用在编写钢琴协奏曲上，很希望鲁宾斯坦的音乐会能演奏它。虽然工作进度缓慢，成绩不是很理想，但我仍一本初衷，尽量构思编写，我的脾气也是因此才坏起来的。"

他希望鲁宾斯坦和他合作，结果却未成功。1875年1月21日他又写信告诉阿纳托里说："我不能忘怀那无情的打击对我自尊心所产生的影响。"

他在3年后给梅克夫人的信中，曾解释了那"无情的打击"是怎么一回事。他说：

> 我在1874年12月间完成了一首钢琴协奏曲。因为我自身不是一个钢琴家，在技术上必须请专家指正缺点。我所需要的，只是一位严厉而不失友善的批评家，指出我的乐曲有什么地方不妥而已。
>
> 不必说，您当然知道我心里实在不愿意去找鲁宾斯坦作为我的技术顾问；可是，他不但是莫斯科最好的钢琴家，而且也是一流的音乐家，如果他知道我把

协奏曲拿去请教别人，一定会很不高兴，于是我决定先请他听听我的作品，并希望他能告诉我，他对独奏部分的意见。

1874 年圣诞夜时，我们在音乐学院的一间教室里会面。我带着曲稿先去到那里，鲁宾斯坦和休伯特随即也都露了面。休伯特是个有身份的聪明人，但没什么主见；再者他说话相当啰嗦，连讲"是"或"否"也都得费一番口舌。他发表不出任何决定性的意见，通常都是被别人牵着鼻子走。我认为他不是怯懦，只是缺乏个性使然。

我把协奏曲的第一乐章演奏过后，没有人说话，更别提提出意见了。你想想那滋味有多么难受！你自己烧的菜请朋友品尝，而他吃过后竟然不说一句话！天啊！说一个字，或是善意地加以批评都可以，只要打破沉寂就行，可是鲁宾斯坦始终没有开口。他是在准备以晴天霹雳的气势向我轰击，而休伯特则正等着瞧风是往哪一边刮。

我的作品只需要他们从技术、艺术等方面提出意见就行了，可是鲁宾斯坦的缄默好像表示说："我亲爱的朋友，当这作品本身根本就不符合我的想法时，我还有什么好说的呢？"

我耐心地把协奏曲演奏完毕，周围仍然是一片寂静。"我这协奏曲怎样？"我站起来问道。

鲁宾斯坦这时才口若悬河一般地发表意见。先是语气温和，继而声调升高，最后竟像发怒似的，把我轰得体无完肤。他说我的协奏曲毫无价值，完全不能演奏；乐章互不连贯，编写没有技巧，甚至都没有办法修改；作品本身不好，浅薄，普通；到处都有偷自别人的痕迹；只有一两个乐章有点价值，所有其他部分最好都毁弃或是全部重写……

　　中立的旁观者看到那情景时，一定认为我是个没有天分的疯子，及不会作曲的三流音乐家，可是胆子却大得竟敢把自己的破烂东西端在一位名人面前。

　　休伯特看我一语不发，深为诧异，他一定感觉奇怪，像我这已经写过许多作品的音乐学院作曲教授，居然能静听鲁宾斯坦大放厥词而不加以辩解；同时，鲁宾斯坦在没仔细研究自己的学生的作品以前，就横加批判，休伯特可能也觉得真是不可思议。他随后对鲁宾斯坦的意见加以附和，只不过语气稍微和缓罢了。

　　这一切不但使我感到惊讶，而且深感屈辱。我永远只需要友善的建议与批评，而此时此刻却毫无亲切感可言。鲁宾斯坦的非难让我坐立不安，于是我没回答，径自离开教室，走到楼上。鲁宾斯坦也跟了出来，招呼我到另一间屋中，再次告诉我，那协奏曲实在不行，他指出许多需要全部修改的地方，还说我若是听从他的意见，重新写过，就可在他的音乐会中演奏。

　　我答复他说："我一点都不改动，就照它现在的样子出刊发行！"我的确是照着自己的意思那么办的。

　　柴可夫斯基所采取的回应，是马上把鲁宾斯坦的名字从曲稿的扉页上删除，代以德国的著名钢琴家毕罗。柴可夫斯基曾在 3 月份听过毕罗的演奏，而毕罗也非常欣赏柴可夫斯基的乐曲。

　　毕罗深以柴可夫斯基献赠乐曲为荣，他认为那协奏曲十分完美，无懈可击。1875 年 10 月毕罗到美国旅行时，曾在波士顿首次演奏它。柴可夫斯基与鲁宾斯坦的此次冲突，造成他们两人的失和，直到 1878 年，鲁宾斯坦表示懊悔时，二人才尽释前嫌，言归于好。

　　这件事，使得柴可夫斯基的心情恶劣到极点，3 月间写信给弟弟，说整个冬季都没有好过，真希望了结此生。他在这段不愉快期间，只写出编号 26 的《忧郁小夜曲》及编为 25 及 27 号的若干作品，它们都反映出他内心的消极情绪。从他给阿纳托里的信中，我们知道他对《铁匠瓦库拉》的前途仍相当执著："现在我的全部思想都集中在《铁匠瓦库拉》上，你想不到我是多么看重它。如果它不能给我带来好运，我想我一定会发疯。我并不想得奖钱，它虽不是坏东西，我却看它不起，但我希望它能有机会演出。"

　　不但他自己正忙于准备《铁匠瓦库拉》的演出，而且鲁宾斯坦早就在莫斯科演奏过它的序曲了。柴可夫斯基像是故意要评委知道那是他的应征作品似的，在把曲稿送进去以前，还亲笔在扉页上加了题句。

皇家剧院在暑假前委托他编写《天鹅湖》芭蕾组曲，报酬是 800 卢布。当时，柴可夫斯基虽然表示自己是为了钱才接下了这份工作，日后他却对里姆斯基·科萨柯夫说："我早就有了编写这种乐曲的念头。"

夏季开始谱写的第三号 D 大调新交响曲，在 8 月中旬完成了，同时《天鹅湖》的前幕也已经定稿。他 9 月回到莫斯科时，接到里姆斯基·科萨柯夫的信。里姆斯基·科萨柯夫认为《铁匠瓦库拉》一定能在征曲竞赛中获奖："你的歌剧将会得奖，我永远对它有信心……我觉得除了你的作品外，别的都不配得奖或演出。"

皇子康斯坦丁在 10 月底证实了每一个人都已经知道的事，《铁匠瓦库拉》获得歌剧竞赛的一等奖。柴可夫斯基开心地出席了《第一钢琴协奏曲》11 月 13 日在圣彼得堡的首演。他的老同学弹奏钢琴，指挥是纳甫拉夫尼克。

不过，它并未获得什么好评，社会大众的反应并不令人欣慰。拉罗什虽对它的前奏曲很为欣赏，但预言这作品将不会有什么前途。柴可夫斯基本人则把演奏失败责任归诸指挥不当。以后《第三交响曲》在 11 月 19 日首演时，是由鲁宾斯坦主奏，结果成绩很好。

这次成功，让柴可夫斯基的信心大增，他认为自己在乐曲的风格方面已向前迈进了一大步。《第三交响曲》全部 5

个乐章中没留下一丝他编写时的忧郁感痕迹，以后它又被称为《波兰交响曲》，显然是源起于它最后乐章中带有波兰曲调节奏及风味。

《降 B 小调协奏曲》由塔涅耶夫独奏，鲁宾斯坦指挥，在莫斯科演出两星期后，获得了第一次良好的反应。柴可夫斯基认为他这个学生的演奏完全把握了他乐曲的精髓。更让柴可夫斯基高兴的，是毕罗由美国传来的好消息，说他每次演奏自己的乐曲，都得再次重复演奏，以答谢听众的捧场。

1875 年秋季，法国作曲家圣桑访问莫斯科，对柴可夫斯基而言是一件重要的大事。他们两人结成好友，并共同起了模仿幼时喜爱的芭蕾舞星的念头。莫杰斯特回忆说："他们一起在音乐学院的舞台上演小型芭蕾舞剧《派格玛隆和盖洛蒂》，40 岁的圣桑扮演盖洛蒂，32 岁的柴可夫斯基则演派格玛隆，而剧本则是鲁宾斯坦编写的。可惜，除了他们三个人外，并没有其他观众在场欣赏这项独特的娱乐。"

柴可夫斯基虽和圣桑尽情游乐，但也为俄国的著名男低音歌手写出一首清唱曲，这是为庆祝他的 50 岁生辰而作的。此外，他还接受一份音乐杂志编辑的请托，编写一系列 12 首钢琴曲，每月交出一首，刊载过后随即出刊发行。他这种打临工的生活，完全得靠男仆在每月截稿前通知他赶工交卷。全部 12 首乐曲合称为《四季》。

柴可夫斯基和莫杰斯特在 1876 年初前往法国。因为有一个聋哑男童请莫杰斯特担任导师，他必须去到国外接受为期一年的专业训练。兄弟俩取道德国及瑞士前往巴黎，莫杰斯特记得他哥哥陪同他这没经验的游伴到处浏览时，非常愉快。他们曾在巴黎欣赏歌剧《卡门》的演出，莫杰斯特说，当时柴可夫斯基体验到一种生平最强烈的音乐印象。

莫杰斯特说他哥哥爱《卡门》爱得入了迷，那是他一生中最喜爱的歌剧。二人在 1 月 22 日分手，柴可夫斯基带着新写的《弦乐四重奏》回家。

他在 2 月 6 日参加《第三交响曲》在圣彼得堡的首演，结果成绩不佳。丘伊说："就整体而言，新交响曲确实表现出柴可夫斯基的天分，但我们有权希望从他那里得到更多的东西。"不过，拉罗什另有见地，他认为那是最近 10 年间最出色的作品。

柴可夫斯基因为《第三交响曲》失败而意志消沉，他开始怀疑自己究竟还有没有创作新作品的能力。但他仍继续以降 E 小调编写第三首四重奏乐曲，并在 3 月 1 日完成。这是为纪念前一年亡故的当代第一提琴手而作的。当它在 3 月 28 日首度演奏时，很受欢迎。

柴可夫斯基编写《天鹅湖》组曲的进度良好，于 4 月 22 日大功告成。但几个月来的过度辛劳，使他的健康大受影响。5 月时，柴可夫斯基的病情恶化，医生嘱咐他去接受矿泉治疗。6 月抵达治疗地点以后，他病情变得更糟，且时常爆发"可怕的恐惧感"，他抱怨当时完全缺乏工作的念头。

1876 年的 6 月底，病情稍见好转以后，柴可夫斯基前往维也纳，与莫杰斯特和康德拉契耶夫会过面后，又回到治疗的地方去停留一段时期，实施莫杰斯特所谓的"半治疗"。柴可夫斯基在拜罗伊特有事，所以来去匆匆，因为那里有节日庆典，而音乐会需要他出席参加。音乐会的主要节目是瓦格纳的作品。柴可夫斯基曾针对拜罗伊特节日的印象写了几篇多彩多姿的长文。

他讥讽地表示："节日庆典期间，大家的兴趣都集中在食物上，他们谈论炸肉排、烤马铃薯和蛋卷的时候，比讨论瓦格纳的音乐更要来得起劲，艺术表演反而变成了次要的事。"

他同时非常惊奇地发现自己的名声早已深入那个德国乡村，他说："看来我并不是如自己所想象的，在西欧默默无闻。"可是，这并不足以使他不嫌恶当地的那种"不受干涉的嘈杂"。

在拜罗伊特停留期间，柴可夫斯基结识了李斯特，但瓦格纳没有接见他。柴可夫斯基曾表示了他对瓦格纳音乐的印象："……我对他伟大的天才和丰富的技巧不胜敬佩……不过他的歌剧原则我仍须继续研究。他的作品是划时代的作品，对全世界而言，真可谓是空前的。"

在拜罗伊特停留到精疲力竭后，柴可夫斯基才取道维也纳回到家中。他一抵达卡明卡，就投入到了家人的怀抱。快乐的家庭生活与他自身的孤寂形成鲜明的对比，使他感觉到沉重的精神负担。在企图改变本身命运的意念下，他做了一种无可挽回的悲惨决定：结婚。

不幸的婚姻

柴可夫斯基8月31日写信给莫杰斯特，首次向家人透露这惊人的消息："现在，我即将经历一生中的最重要阶段，详情等以后再对你讲。此刻，我只让你知道，我已决定结婚。这事已成定局，再也无法改变了。"

3个星期以后，他回到莫斯科音乐学院，并把较详细的经过情形告知莫杰斯特。在他看来，婚姻是维持安定生活最理想的方式，但他也像殉教者面临死亡般，把结婚看做是最终的自我牺牲，因为，他对独身生活仍然怀着深深的眷念。

9月底，他写信告诉莫杰斯特说："我现在可能比你还恨那逼我改变生活方式的人。"

他也在给阿纳托里的信中说："我非常喜欢那间小屋子里的黄昏时刻，十分着迷于那种寂静和安详的气氛。每当我想起要抛弃它时，我就感到难过，可是那是不可避免的。"

在所留存的信件中，以他10月10日写给莫杰斯特的那封最为动人，因为里面都是悲凄、绝望及诚挚的话语：

　　有的人并没有鄙视我，那是因为他们在我被世人形容成声名狼藉的人以前就喜欢我了，像亚历山德拉一样。我知道她能看清楚事情真相，而且对我的一切都肯原谅，而我最在意和关切的也正是这些。

　　既然我并不像人们所描述的那样，却这样被亲人怜悯和谅解，岂不是很痛苦？总之，我要结婚或是公开和一个女人交往，是为了要杜绝那些流言飞语。人们怎么说，我毫不在意，但是他们却足以伤害亲近我的人。

　　我实现计划的日期并不像你说的那么快，因为我对单身、自由的日子已经习惯了，它不能像旧手套那样草草抛弃。再说，我的心肠也永不会像铁石那么坚硬。

　　结婚当然不能证明一切，也不可能让谣言不攻自破，但他仍天真地想用它来封住那些散布可怕谣言的嘴巴。当一个朋友在几年后问他，是否知道"非柏拉图式"恋爱时，他答复说他自己的事和此毫无关系：

　　　我可以说知道，也可以说不知道。如果你能稍微改变一下提问的方式，问我是否知道爱情的一切情趣时，我的回答是不知道，不知道，不知道！

　　　如果你问我是否知道爱情的感受全都是无可衡量的力量时，我认为最佳的答复基础是建立在音乐上，而且我的答案是我知道，我知道，我知道！

我还要再度强调的是，我不止一次想通过音乐表达爱情的快乐与痛苦。我不知道在这方面是否成功，因为那要留给别人去判断。

你认为音乐不能完全表达爱情的感受，我绝不同意你这种观点。反之，我觉得唯有音乐才能如此。

柴可夫斯基在 1878 年秋季，集中精神从事音乐创作，好像想从自我毁灭的迷途中寻求解脱。

当年 6 月，塞尔维亚和土耳其发生了战争，10 月 6 日柴可夫斯基写出《斯拉夫进行曲》，准备在音乐会上演奏，以告慰塞尔维亚士兵。沙皇一直希望土耳其战败，这样俄国便可乘机收复在克里米亚战争中丧失的领土。结果事与愿违，沙皇的好梦成空，塞尔维亚战败后，俄国被迫在 1877 年对土耳其宣战。

俄国人早在 1876 年冬，就已了解战争迫在眉睫，柴可夫斯基的《斯拉夫进行曲》正是针对遍及全国的爱国热潮所做的一种贡献。它在 11 月 17 日初次发表时，受到空前的欢迎，甚至丘伊也对它赞誉有加，认为它"可能是在任何艺术领域中最出色的作品"。

柴可夫斯基在 10 月 26 日又完成大型交响曲。他说那是他呕心沥血的作品。但他不曾要求纳甫拉夫尼克在音乐会中改动节目，以便使它取代《铁匠瓦库拉》，因此直到第二年，它才有机会作首次演出。

《铁匠瓦库拉》要在 12 月 6 日演出，此时在马林斯基剧院排练的成绩很好，歌手和交响乐团同声赞赏，即使丘伊也一度预言它必定轰动一时。柴可夫斯基也自认为长久以来的努力应可换得丰硕的成果，但首演却未能引起听众及批评家的共鸣。他失望地对塔涅耶夫说，那歌剧"光荣的失败"全要怪他自己，因为"其中不必要的插曲太多，过于偏重交响乐，而歌唱部分则嫌不足"。丘伊最后也说它"缺乏一种冲击力"。

几乎是随着《铁匠瓦库拉》的失败而来的，《罗密欧与朱丽叶》在巴黎及维也纳的演出也不很理想。

柴可夫斯基虽接连遭受三次挫折，不过他并未因此而灰心丧志，反而将一首根据洛可可变奏曲所编写的大提琴及交响乐曲，献赠给他所景仰的"音乐之神"莫扎特。托尔斯泰在次月访问莫斯科，柴可夫斯基从他那儿获得了极为需要的鼓舞与激励。他多年来始终钦仰托尔斯泰的作品，认为"他不是一个常人，而是一个神化了的大作家"。

尼古拉在音乐学院为托尔斯泰举办音乐会，以尽地主之谊，演奏节目中包括柴可夫斯基第一首弦乐四重奏乐曲《如歌的行板》。

柴可夫斯基在音乐会结束后的日记上写道："托尔斯泰含泪坐在我身旁倾听《如歌的行板》演奏时，我从来都没那么感觉荣幸，及为自己的创作能力骄傲。"

但《天鹅湖》从 1877 年初开始排演后，始终未获好评。

舞星抱怨乐曲不能配合舞蹈，剧院只好以其他的芭蕾舞曲代替。柴可夫斯基也发现它在实际演出时的确不理想，服装与道具大多是二手货，根本谈不上美感。芭蕾舞蹈设计者也是个二流人物，毫无可取之处。此外，更糟的是，交响乐团的指挥是一位"半瓶醋"，完全不能领会柴可夫斯基乐曲的精华。从这些方面看来，它在3月4日首演失败，已是意料中的事。以后它也再度上演过几次，接着，就在剧场上失去了踪影。

当时，只有拉罗什说那是上乘的芭蕾舞曲。直到柴可夫斯基去世后，《天鹅湖》才又引起了注意。经由一个专业人士（《睡美人》芭蕾舞蹈部分的设计者）个人的努力，《天鹅湖》终于在1895年1月首次作完整的演出，并获得空前成功。柴可夫斯基的初次尝试显然提高了俄国芭蕾舞曲的全部水平，他的杰作对以后许多作曲家的启发与影响都很深远。

《天鹅湖》在1877年期间虽遭遇到挫折，但事后证明，这对柴可夫斯基而言，只不过是一件小事。因为，他当时正和两个女人交往，她们对他日后的生活具有决定性的影响。其中一个女人和他结了婚，结果使他濒临自杀；另一个则在以后13年间成为他的救星，当他从婚后的噩梦中醒过来时，帮助他重拾了生命的希望。

红颜知己

梅克夫人

1876 年 12 月，46 岁的富孀梅克夫人请柴可夫斯基为她编写提琴及钢琴乐曲。她很快就收到了他的作品，并写信向他致谢："……托你的事这么快就办妥了，我深为感激。若是告诉你那乐曲使我多么兴奋，我觉得并不适当，因为你已听惯了那些音乐素养比我高出若干倍的人对你的称赞与敬仰。我要是说那种话，恐怕只会让你见笑。而我则很珍视自己的快乐，绝不让别人拿我当笑柄，因此我只请你相信，你的乐曲使我的生活过得更轻松、更愉快。"

第二天，她接到柴可夫斯基的回信："……多谢你的夸奖。就我而言，当一个音乐家处于失败及困难境地时，知道还有少数真正的知音人存在，对他将是一种莫大的快慰。"

梅克夫人1831年出生于中等家庭，她父亲遗传给她的是对音乐的喜好，而她母亲则使她具有一种似乎是商业的敏锐性的特殊性格。她17岁时和一个在德国政府工作的低收入工程师梅克结婚，婚后的第一年期间，他们不断地为难以忍受的贫困生活挣扎。而后她的直觉、天赋与商业本能告诉她可在俄国赚钱，因为当时西欧国家进步很快，俄国也正在修建铁路，以便迎头赶上。

梅克终于被她的信心所说服，决定放弃低微的工作职位而自谋发展，结果生意兴隆，很短的时间内就成为巨富。

1876年，梅克去世后，梅克夫人继承了一笔相当可观的遗产。梅克夫人以她惯有的高效率管理方式，经营着庞大的产业。她住在一处大房子里，家中奴仆很多，她的12个子女中有7个和她住在一起。自从丈夫死后，音乐成为梅克夫人唯一的精神寄托，她在乐曲上获得了一切的快慰与满足。

尼古拉·鲁宾斯坦是梅克夫人家中为数很少的座上客之一，他积极地在莫斯科及其音乐学院的音乐环境中培养她的兴趣。她要尼古拉为她找一位提琴家做全日的服务，那样，她就可担任钢琴伴奏了。

经尼古拉介绍而应聘的，是"英俊潇洒，心胸开朗，极具才华的提琴名手"柯代克。柯代克是尼古拉的极有前途的得意门生，而他也曾上过柴可夫斯基的音乐理论课。柯代克对这位恩师十分钦仰，而且柴可夫斯基也很欣赏柯代克的为人与天分，两人于是成为密友。

柯代克见到梅克夫人也热衷于柴可夫斯基的乐曲，就把他所知道的有关柴可夫斯基的一切说给梅克夫人听，因此她才得知柴可夫斯基的手头窘迫，就请他编写乐曲。

两个月后，柴可夫斯基又接到第二次请托，而且也如期交卷了。不过，梅克夫人这次的感谢信却略微带有煽动性，言谈中道出了较为亲密友情的邀约："我极想把我对你的感情多告诉你一些，但生怕占用了你所能腾得出来的极微少的时间。"

经济处境及惯有的习性都不允许柴可夫斯基辜负这番美意，于是柴可夫斯基答复她说，自己最感遗憾的是她没有把感情真切地透露。他说："如果我能有机会来报答你的感情，那将是一件很愉快及很有趣的事。"他请她不妨把想说的话都写信告诉他。

梅克夫人再给他的信就很长了，那是此后13年间多达一千一百多封的这类信函的开端。虽然，往来信件中净多的是亲密且带热情的字句，但除了有限的几次短暂会面外，他们不常见面。对任何人来说，通信成为他们生命中的精神堡垒，信函中发现出彼此的了解与敬重，将可带给他们无限的欢欣与鼓舞。

梅克夫人在1877年3月19日写给他的信是他们友谊建立的基础，她说："以前，我曾经急于和你本人熟悉，但我现在发觉你越对我迷恋，我就越不敢面对你。我认为，和你一起相处时，我一定无法像现在这样对你倾诉……我目前宁愿和你保持距离，以便我可以思念你，并在你的音乐中陪伴着你。"

她并且提到，在听过他的《暴风雨》乐曲以后，她的精神呈现"半错乱"状态："我说不出它给我的是什么印象……我在寻找一切机会去听别人对你的批评如何。几天前闲聊时，由于你的一个意见和我的观点不谋而合，突然间我感觉到亲密的友谊使我更接近你。男女的关系，并不比类同的意见、心境，及感应更容易把人聚集在一起，因此，有的人和另一个人结合后，却很可能在若干方面仍然像陌路人一般。"

他显然愿意按照梅克夫人的要求和她交往，想必他认为那只是一个女人所能付出的理想关系。他回信表示同意她的说法，他们都是由于不常与人往来，才会产生这种"共同的意见"。

此外，他也没有问清缘由，而是径自接受了她不想见他的建议，他说："我知道，你我如果深交了以后，你就没办法发现梦寐以求的我和音乐间的那种和谐。"

他表示他正在学她的办法去了解她及她的生活。梅克夫人1877年5月第三次请他编写提琴和钢琴乐曲《责难》，名称是她自定的。他们的爱情虽已在纸上迅速发展，这首曲子的请托却被他拒绝了。他说："我不能让虚假或伪善介入到我们的关系中来。"

他最不愿为了钱财而去编写没有灵感的乐曲。他一方面了解到这些编写乐曲的请托，都是些掩饰得很不高明的慈善行为；另一方面他也觉得，如果以直接借贷来偿债，反倒是比较好的办法。他在给她的信上说："现在我正在从事冬天开始的交响曲的编写工作。我很想把它献给你，因为你将会发现它是你内心的思想与情绪的共鸣。目前，任何其他工作都是一种负担，因为那必需要改变现有的气氛及思路。"

梅克夫人欣然接受他的献赠，柴可夫斯基的坦诚，使她深受感动，她在回信时还顺便借给了他 3000 卢布。

柴可夫斯基信中所提的是《F 小调第四交响曲》。它虽占去他大部分可用的时间，但他也正在为另一首歌剧寻求适当的题材。他拒绝斯塔索夫所建议的以"五个战神"改写的剧本"Cardinae"为题材，他所希望的是"以爱情、妒忌、野心、爱国等单一戏剧动机为主的东西"。

另一个朋友拉佛斯卡亚则建议他可用普希金的《叶甫根尼·奥涅金》做主题。当时，他显然也认为不适合而没有采纳，但最后还是用了它，而且还发现布局很好，编写成歌剧可能大有前途。

他曾在一个不眠之夜构思好情节以后，写了封信给莫杰斯特："……它虽然也有缺点，但是普希金那扣人心弦的诗篇中所描述的人性及简洁的主题都足以抵偿它的所有缺失。"

悲壮的生命乐章

一个错误的选择

1877 年 5 月是多事之秋，柴可夫斯基月初接到女学生米柳柯娃的情书后，回信时并没有表达自己的爱意，只说谢谢她并表示同情她。然而，仅只是那些，就已经超过了她的期望。米柳柯娃是个 20 岁的未婚女子，独自一人生活。她不但不美丽，而且笨得可笑，因为她自以为每一个男人都很爱她，好在她的品德尚称良好。

当她接到柴可夫斯基回信后，就邀请他去找她。柴可夫斯基后来曾说过他当时真不知如何是好，竟然不知所措地答应了下来。很多证据显示，他们初次会面时，他曾极力表白不能接受她的爱情的理由。例如，她 5 月 18 日的信中即说过感谢他"坦率"的话；可是她并没有就此罢休的意思，因为她还在信中说："别想让我对你的幻想破灭，那只会平白浪费你的时间。没有你的话我将活不下去，或许我会马上就结束自己的生命。让我看看你，并吻你好吗？我要带着你的吻到另一个世界去。"

那种自杀的威胁当然使柴可夫斯基的坚强情绪发生了

动摇，他竟把她的话当真。后来，她在给他的信中也仍有类似的哀伤话语。柴可夫斯基发觉自己被纠缠在一种爱情计谋之中。

柴可夫斯基曾告诉梅克夫人说："我当时很痛苦，如果不牺牲她的生命以保全自己的自由，就必须和她结婚。"他虽告诉米柳柯娃说他不会是个好丈夫，但却在6月初时向她求婚。

直到7月5日，柴可夫斯基才把订婚的事告知阿纳托里，信中说米柳柯娃在各方面都很适合当他的新娘，并说她有一种最大的优点："她像一只猫似的深爱着我。"他要阿纳托里不必担心，说他自己对行将成为事实的婚姻感到很快乐，他并且像要证明所言非假似的加上了一句："我已经把歌剧完成了三分之二。"信里也附了给其他人的短信，他父亲知道这消息后，"高兴得跳了起来"。

梅克夫人获知柴可夫斯基结婚的消息时，已是大婚3天前的7月15日了。他在给她的信上说明了自己为什么做了这样的决定，并明白地表露出内心的痛苦：

> 希望我对当前的新生活不至于失去勇气。上帝知道，我是全心全意在为未来的生活伴侣着想，假如我们都不快乐，那就不能怪我。我心里很清楚，如果我结的是没有爱情的婚，那是因为环境使我没有别的办法好想。

我在她第一次示爱时没有经过思考就接受了下来。我真应该永远都不理会她的信。但一切太迟了，一旦回过信而且去找过她以后，我就必须这么做，因为她的爱情已获得鼓励而欲罢不能。

　　不过，正如我所说的，我心里很清楚，我既没有对她说假话，也没欺骗过她，我所要告诉她的，是她可能期望于我而她自己却未必能接受的事。

　　柴可夫斯基在结婚的前一天才写信告知亚历山德拉和莫杰斯特，那样他们就来不及反对了。柴可夫斯基和米柳柯娃在 1877 年 7 月 18 日结婚，阿纳托里和柯代克是唯一的见证人。当晚，他们到圣彼得堡去度为期一周的蜜月，柴可夫斯基"可怕及痛苦的噩梦"从此开始。两天后，他写了封信给阿纳托里，这是他此后两个月中诉苦的信件中的第一封："如果我说我快乐，那我就在说谎……经过 7 月 18 日那可怕的日子及那种精神上的折磨以后，一个人很难迅速恢复过来……当火车开动时，我真想哭。还好我的妻子并不知道我内心的痛苦。她看来始终都很高兴及满足。我们彼此已经很清楚地谈过我们的关系……她只需要爱护我及照顾我就行……"

　　他还说一旦两个人相处习惯后，她就不再找他唠叨了，因为"她的一切有限"。他说："这倒不错。一个聪明女人会让我害怕，但这个女人使我感觉到高高在上，我一点都不害怕她。"

柴可夫斯基想尽一切办法来减轻内心的痛苦，结果一切努力都无济于事。他在 3 天后写信告诉阿纳托里，说她"长得很丑"。

当这对新婚夫妇回到莫斯科时，柴可夫斯基的身心俱疲，已濒临崩溃边缘了。唯一的安慰是梅克夫人来信祝贺他新婚快乐。他立刻回信给她，并顺便商借 1000 卢布，以备"逃家"之用。他说："我想独自一个人远走他处，以便好好休息，思考，治病及工作。"

柴可夫斯基找梅克夫人帮忙可真是找对了，因为他知道她一定会同情他。果然，她在回信时也把钱一起附上了，而且要他立刻到高加索去治病，还希望他能随时告知一切情形，但柴可夫斯基并未到高加索去。在动身到卡明卡以前，柴可夫斯基潦草地回信给她说："如果我此番挣扎能够成功，那都是你一个人的功劳。"

他还把以后的情形写信告诉她。8 月 9 日，柴可夫斯基又写了一封信给梅克夫人，信中尽是胡言乱语，他似乎已接近疯狂了：

> ……现在，我要把 7 月 18 日以后的事告诉你。我以前曾向你说过，我所处的这种难以了解的环境很使我为难，因为我结的是根本没有爱情的婚。我记得曾告诉过你，我若不牺牲一个诚实的女孩子，就必须

和她结婚，结果我是选择了后者。

在开始时，我还以为会爱上这个真诚待我的女孩，使得我父亲和亲友们的梦想实现。但在婚礼完毕后，我发现独自一人和她一起，而且知道我们的未来命运将不可分时，我突然明白，我对她不但连最普通的友情都谈不上，甚至还非常恨她。

我认为自己是永远地完蛋了，或者可以说我生命中表现最优异的音乐也宣告结束了，未来的我只不过是行尸走肉，真让人难以活下去。我的妻子根本没有罪过，她并没要求我娶她。如果我告诉她说不喜欢她及看见她就讨厌，那我是多么残酷和恶劣！

我所能做的只不过是扮演一个适合的角色，但要扮演一辈子却不好受。像这样，我怎么能工作呢？我很痛苦，尤其是身边没有能帮助我和鼓励我的人。我很想了结此生，看来死亡是唯一的出路，可是我绝不自杀。

我爱家中的一些人——妹妹，两个最小的弟弟，和父亲。如果我真的自杀身亡，那就等于是害了他们。再说，我还有许多好朋友，他们对我的关爱也使我不能就此了结此生。

尤其，我还没有说出必须讲的话，在死去之前，我想把它都说将出来。死亡不会降临到我身上。我不会死，而且也不能死。死了又有什么用呢？我已经告诉我的妻子,8月我要到外地治病,因为我真的不舒服,必须好好地诊治。当我对她讲时,旅游开始变得像逃亡一样。

我们在圣彼得堡住了一个星期,回到莫斯科时几乎身无分文。有个人借口替她出售林地,骗去了她的财产。我们安排新居需要花费金钱。既没有朋友,又得不到片刻安逸,我不知道怎样才能不让自己发疯。然后还必须去探望岳母,我的痛苦更是加深。我对她的母亲及家人都没有好感。他们心胸狭窄,意见复杂,时常吵架。

……我的妻子对我越来越不好,我的精神很痛苦。那种可怕的生活已经拖得很久了,我只有借两种方法排遣时光,一是借酒浇愁,暂时忘却自我;二是和柯代克愉快地谈天,他是除了你以外唯一了解我的人。

真是祸不单行,我最亲密的朋友阿达莫夫突然去世了。我们曾在一起读书,一起服役,以后,虽然各奔前程,但直到他死亡时我们始终很要好。他的生活很幸福,家庭美满,身体也不坏,然而死神却突然向他招手,那真让人遗憾!

当我的精神完全康复以后,我就可以回莫斯科重新工作,并且以另一种态度对待我的妻子。事实上,她的身上有许多优点,能对我未来的快乐有所贡献。她是真心真意地喜欢我,除了希望我安逸和愉快之外,她已别无他求，我真同情她。

我将在基辅停留一天，等明天见过妹妹以后，就到高加索去。这封信写得很凌乱，前后互不连贯，请你多加原谅。身心非常疲累，思想几乎无法集中，如果上帝给我的力量能使我度过这可怕的时刻，我将向你证明你的好心相助是没有白费的。我所写出来的还不够心中所想的十分之一。

满腹心事都只好以音乐来表达了，但又有谁知道呢？说不定我会留下一流艺术家般值得钦仰的作品！我有如此向往的勇气。为了你对我所做的一切，祝福你，再见，我最要好及最亲爱的朋友。

柴可夫斯基逃命似的去了卡明卡，那里温暖的空气对他的精神产生了抚慰的效果，不过他刚到那里时仍然无法工作。8月23日，当他完全康复后，开始编写《第四交响曲》，并随时把进度告诉梅克夫人。她亲切地回信鼓励他，他也愉快地把乐曲编写的情形告诉她。

9月11日，他又写信告诉梅克夫人，说自己正在编写《叶甫根尼·奥涅金》的第一幕。

他对这出歌剧的兴趣显然已经日渐淡然，因为他已感觉到它注定会失败。不过，他仍存有某种观念，那就是："它对那些想在歌剧中寻求普及人类的单纯情感，而绝非那种悲剧及舞台效果的人而言，将具有吸引力。"

当他要离开喜爱的卡明卡，回到莫斯科去面对现实时，精神分裂的症状又开始出现了。他写信给阿纳托里，对于自己即将再度与妻子会面之事感到非常忧虑，不过，他还附带加上两句安慰自己的话："她并不让我感到害怕，我只是觉得她是个累赘。"

9月23日，柴可夫斯基抵达莫斯科，米柳柯娃在车站迎接。回到家后，第二天清晨，他就重新产生了绝望的感觉。妻子费尽心思装饰的房屋在他眼中已成为一所牢房。他告诉阿纳托里，自己的内心感到恐怖万分。写给在意大利度假的梅克夫人的信上，他也表示想找一个逃脱的机会。但是，如何逃？逃去哪里？那真是让人难受！

据卡什金回忆，柴可夫斯基再到音乐学院授课时，虽然尽量表现得轻松，可是精神显然十分紧张。在尤尔根松为他举办的酒会中，他第一次和新婚夫人出现。起初，她还在人们心中建立了一种"普遍的好印象"，但当酒会将结束时，她曾令人觉得"毫无情趣"，主要是因为她不善谈吐，甚至连小问题也要靠她丈夫从旁协助。

他的许多朋友和同事都不知道他已痛苦得接近疯狂，渐渐地，他对自己的处境已失去了以理性理解的力量。10月初，他曾衣着整齐地跑进水深及腰的冰冷河中，目的是想患染肺炎以了结生命。

当他知道自己的体力还没办法达成这种自杀愿望时，不禁悲从中来。他只好无奈地在10月5日打一份电报给阿纳托里，要求他立刻以纳甫拉夫尼克的名义回电，请柴可夫斯基赶快到圣彼得堡去。兄弟两人的诡计得逞后，他就迫不及待地起程了。莫杰斯特在车站接他，据莫杰斯特说，他的面孔在一个月之间完全变了样，几乎都认不出来了。

柴可夫斯基住进旅馆时，精神已完全崩溃，一连两天不省人事。忠厚的阿纳托里没透露其他细节，据诊断的医生说，他必须完全改变生活环境才能康复。阿纳托里的吃惊非同小可，当他认为没什么安全上的顾虑时，立刻离开柴可夫斯基，抽空去找尼古拉商量。

他们都认为柴可夫斯基必须和米柳柯娃离婚，尼古拉怕阿纳托里一个人办不好这件事，就陪他一起去了趟莫斯科，一见到米柳柯娃，就开门见山地表明来意。说也奇怪，她竟然满口答应下来，什么条件都没提出。

他们见达到目的后就告辞了。直到后来，阿纳托里才惊愕地明白了一件事：米柳柯娃是为了有机会招待像尼古拉那样的上宾，所以才如此爽快，至于她丈夫的病况或婚姻破裂那些事，似乎对她都无关紧要。但是，阿纳托里并没有体会出来，米柳柯娃那种异常的宁静，实际上就是她即将罹患精神病的初期征兆。

在着手办理离婚手续期间，柴可夫斯基的病况日渐好转，但是米柳柯娃却不像他那么幸运。亚历山德拉很同情她嫂嫂，让她和自己住在一起，不过随即发现米柳柯娃那种偶发性的啼哭让人无法忍受，而且她咬手指甲的习惯也把血迹弄得满屋子都是。最后，亚历山德拉只好请阿纳托里把这有病的女子带离卡明卡。

在以后几年中，米柳柯娃写了许多信来威胁柴可夫斯基和他的家人，否认曾经同意离婚。此时她和许多情人来往，生出了许多孩子。最后她在 1896 年变成了疯子，死在疯人院时正是沙俄宣告终结的 1917 年。

如果说她的婚姻在一开始就注定了不幸的结局，还不能说明实际的情况。残酷的事实是，在柴可夫斯基可能选做妻子的所有女人当中，谁都不像可怜的米柳柯娃那么适合于担任那个角色。

梅克夫人的关怀

柴可夫斯基的病恢复得很快，他清醒后还不到一个星期就和阿纳托里前往瑞士。途中他写信托尤尔根松为他找点作曲、写文章及翻译等类的工作，暂时消遣时光，等精力完全恢复以后，再从事《第四交响曲》和《叶甫根尼·奥涅金》的编写工作。

米柳柯娃的问题已基本解决，现在，他最关心的是要再一次面临穷困的窘境。莫杰斯特记得他哥哥当时只有"可供维持 5 天生活的费用"。当他们在别墅中舒服地住下来以后，柴可夫斯基写了一封长信给在莫斯科的梅克夫人，说起他最近几个星期"精神上的痛苦",及从"谎言、伪装及自私"的旋涡中逃出以后的快慰。

他随后又写道：

> 我虽然住在美丽的乡下,精神上却不胜负荷。下一步会是怎样呢? 我不能回莫斯科或是见任何人。我对每一个人都怕,并且懒散得不想工作……我必须在这里休息一些时候,让这世界忘却我。我妻子的生活需要我去安排,同时,我还要考虑我们未来的关系……

> 我又需要钱用,除向你开口外,没有别人能帮助我,那真是痛苦及可悲! 可是我没办法不再次仰仗你无穷无尽的慷慨与慈悲……当我在莫斯科过那种苦难生活时,除想到死亡以外,实在没有其他的法子好想了。在完全绝望时,我常想到只有你能救我。我和弟弟一起出国时,我已了解到我必须仰仗你的帮助才能生存,而且你也会再一次做我的救星。

> 虽然我们只靠书信往返而熟识,但我仍然认为你是我的好友及能真正看透我的人。

巧的是,梅克夫人的救助行动,早在柴可夫斯基10月23日写这信之前不久就已经进行了。慷慨的梅克夫人从尼古拉那里得知柴可夫斯基正准备离婚的消息后,立即邮寄了6000卢布到瑞士,那是此后13年中每年资助他同等金额的第一笔。他的生活因此大为改善。正如莫杰斯特所说的，柴可夫斯基已成为"在物质方面能独立的人，眼前所见净是新的生活……他已经获得创作时不可或缺的生存自由"。

柴可夫斯基很快地摆脱了婚姻及经济方面的困扰，据喜爱嘲讽的观察人士的说法，他在莫斯科意图自杀都获得了暴利。他立刻发现瑞士是个适于工作的好地方，9 月底，他的身体已经完完全全康复，《叶甫根尼·奥涅金》的第一幕也告完成。好事成双，10 月 1 日他更得到消息，莫斯科方面认为他对音乐学院极有贡献，决定将他出国期间的薪金补给他。

尼古拉在信上劝告柴可夫斯基要保持冷静："多照顾你的身体，什么都不要怕，你是一个身价特高的音乐家，别让一些无关紧要的事来分你的心。"

柴可夫斯基回信致谢，说新歌剧即可送到莫斯科，希望它能在音乐学院演出。尼古拉对柴可夫斯基的照顾可说是面面俱到，他除了把柴可夫斯基要离婚的事通知梅克夫人，及设法使有关方面付给柴可夫斯基出国期间的全额薪金外，还为他弄到一个参加 1878 年巴黎博览会俄国代表的身份。不过，柴可夫斯基对自己是否适合深感怀疑，他不经意地将邀请函搁置一旁，未予理会。

梅克夫人在几天后答复了他 10 月 29 日的信：

所发生的一切我全都知道，想起你忍受的那些苦难及你的工作又是如何荒废的时候，我不由得感到难过。不过，我也很高兴你已经采取了决定性的行动，那确是解决问题的唯一办法。我以前未曾告诉过你我的实际想法……但现在与你神交已久，我相信有权向你表达我真正的意见。

我要再说一次，很高兴你已经摆脱了自私和谎言，那些都不是你应该做的事。你为别人尽了最大的努力，当力量用尽时，自己却没得到丝毫的好处。像你这样的人很可能会在这种环境中毁灭，但永远不会向环境妥协。

……难道说，我们真是那么陌生吗？你不知道我多关心你及希望你一切顺利吗？依我看来，那种力量不是出于性别或亲密的联结关系，而是来自精神及灵魂的共同感受。你要知道，我对你所给我的许多快乐时光深表感激，我不能缺少你，你应该保持自己原本的面目才是。我所做的并不是为你，一切全是为了我自己。

你为何破坏我对你关心时所产生的快慰，又为何使我感觉到自己对你并不重要呢？你真使我伤心。如果我想向你要求什么东西的话，你是不是也应该给我？好了，我们谁也不要怪谁。可是，你千万不要阻止我过问你的经济情况。

如果她对他的友谊有任何怀疑，那么他11月6日给她的回信立刻可使所有疑虑一扫而空。他说要把她最喜爱的东西——音乐，赠送给她：

> 我最亲爱的朋友，一切都得感谢你。我不认为我能有机会证明我准备作任何牺牲来报答你……因此我只能借着我的音乐来讨你的欢心。将来我要把创作的每首乐曲都献赠给你。完全是因为你的缘故，我才能有这种重新工作的热忱，我一刻都不会忘记是你使我继续进行我的事业。
>
> 我必须做的事还很多……在我看来，以前所做的事比将来必须的及将要做的事少得多……我无时无刻不在计划去意大利作长期访问，我决定在两星期内动身前往罗马，以后还要到那不勒斯等地……
>
> 我要逐渐回到工作岗位，现在我可以肯定地说一句《我们的交响曲》最迟可在 12 月以前完成……希望这首在思念你时编写的乐曲能对你表明我是多么爱你……

在信件往来期间，梅克夫人的女性好奇心越发高涨，她要求柴可夫斯基把米柳柯娃的事讲给她听。他说米柳柯娃的头脑和心胸都很空洞，更糟的是她对音乐一窍不通，不过她处理离婚事件的态度却非常实际而且也很坦诚。

梅克夫人回信说他一点也没有错："你那样对她并没有

什么不对，相信她离婚后不会痛苦。米柳柯娃是那种没受过教育的人，因为她的感情淡薄，永远也不会受到感情的长期困扰，不过，说起来她还算幸运……如果有人说她在啼哭，你大可不必担心，她一定是做给别人看的。"

这些话正中柴可夫斯基的下怀。当然，她信中的含意并不仅止于此，她在两年后甚至向柴可夫斯基透露对他婚姻事件的意见与感受。还说因柴可夫斯基曾说起自己已信奉上帝，她也愿彼此通信时少谈亲密的事而多讨论宗教与哲学问题。

爱情与友谊之间

柴可夫斯基和阿纳托里在 1877 年 11 月到达意大利后，突然感到恹恹无生气，不过停留威尼斯期间仍努力将《叶甫根尼·奥涅金》的第一幕写好了。这时，阿纳托里接到达维多夫（亚历山德拉的夫婿）的一封信，要他立刻回去把米柳柯娃带离卡明卡。柴可夫斯基陪伴阿纳托里去维也纳，一方面是为他送别，另一方面是迎接替代阿纳托里的索伏朗诺夫。

他和梅克夫人仍书信往来不断。12 月 8 日他从维也纳写信给她，说他发现瓦格纳的歌剧演出令人生厌，勃拉姆斯的《第一交响曲》也同样让他无动于衷。又说，他认为法国作曲家的作品反而引起他热烈的共鸣。在听过德利伯的《雪尔维亚》芭蕾舞曲以后，他告诉梅克夫人，说自己的《天鹅湖》和《雪尔维亚》比较起来真是非常贫乏，在过去几年间，除了《卡门》之外，要以德利伯的乐曲最令他欣赏了。

送走阿纳托里及接过索伏朗诺夫后，柴可夫斯基离开维也纳，在威尼斯小住，继续编写《第四交响曲》。他发现梅克夫人已经耽溺于酗酒及音乐之间时，12 月 15 日找到个机会道出了心中的不悦："一个男人借酒浇愁时，为的是麻醉自己及产生幻觉。但是这种幻觉的成本很高……酒只能暂时使我们忘却烦恼……音乐却并非幻觉，而是发泄……"

他这番话似嫌过分，因为，不久之后他也向阿纳托里承认自己喝得很多，而且这种习惯终其一生都未曾改变："我没有酒就活不下去。不多喝点的话，我永远享受不到宁静。我自己早已习惯于偷饮，看到身旁的酒瓶时，心中不禁暗暗窃喜。"

柴可夫斯基在 1878 年 1 月准备和莫杰斯特及康德拉契耶夫一起度假。他意外地发现，音乐学院的会计主任写信告诉他，代表俄国参加巴黎博览会的差旅费是 1000 卢布。他已经完全忘记那回事，而政府当局因他没有动静而误认作是接受派遣。事已至此，他只好借口身体不适，不能前去。

尼古拉费尽心力，结果却换来了柴可夫斯基的装病逃避。柴可夫斯基的答复是，即使他肯去巴黎，俄国音乐的影响也不会扩大。至于假装生病的问题，他的解释是："你太不了解我……可能你没有错，我真是在装病……但那正是我的真正本质。"

尼古拉对他这种诡辩做何反应，我们不得而知，但可以确定的是，柴可夫斯基却始终坚持不去巴黎。尽管有这些事件的困扰，柴可夫斯基的《第四交响曲》仍在1月7日完成，3天后送往莫斯科。尼古拉在2月22日首演以前一直没发表意见，甚至演奏后也不表示自己的观感或是听众的反应如何。

当柴可夫斯基正在为此纳闷时，高兴地接到梅克夫人来信，说交响乐团的演奏虽然并不理想，但这新交响曲首度演出相当成功。她问他这作品是否有个主题时，柴可夫斯基的答复是洋洋洒洒的一大篇：

今天收到你的来信，我非常高兴，得知你很欣赏新交响曲，我更是喜出望外……你问我在编写时曾否考虑过要给它定个主题，通常我对这种问题的答复是"没有"，这个问题实在也很难答复。《第四交响曲》有一个主题，也就是说可用文字表达它的内容。我要把全部乐曲及每一乐章的含意讲给你一个人听。

序曲是全部乐曲的思想中心，它所代表的是命运。那种无可逃避的力量，能使我们寻求快乐的抱负在没达成以前就半途而废，它妒忌地不让我们的安宁与幸福完整无瑕……这种力量是无可征服的，我们除了顺从它或自怨自艾之外，别无选择的余地。

　　毫无前途的绝望感受越来越强烈，而且越来越尖锐。是不是脱离现实后迷失在梦乡中反倒好些？一种甜美而亲切的梦包围着我，一种光明而神圣的大道引导我前进。灵魂在梦乡中无比的深沉，一切黑暗与痛苦都可忘却，那里只有快乐。

　　然而，那不过是个梦而已！命运粗暴地惊醒了我们。一切的生活只是痛苦的实际经验和稍纵即逝的快乐美梦继续不停地交相更替。这里不是天堂，大海在吞没我们以前，我们都被波涛驱策得东翻西滚。第一乐章的主题大致就是这样。

　　第二乐章表示另一个阶段的遭遇。当我们独自在家中不愿工作时，忧郁感会乘虚而入偷袭我们，同时，我们挑来排遣时光的书，会不经意地滑落到地上。经过一长串的回忆后，往往倍增感伤！不过，那些幼时的事回想起来倒是很甜美。我们既无勇气且缺乏意念来开创新生活，自然对过去不胜怀念与怜惜。说起来我们都非常惧怕面对现实，我们十分希望能多休息些时候，以便能回顾往事。

　　有时，若我们的血管中流动着鲜血，生活就为我们带来所向往的东西。有时，我们的心中只有悲伤与无法挽回的失望，但那都已随着时间的飞逝而逐渐消失。我们消逝在过去里的是我们的无限伤感，但同时也可以说它夹杂着若干甜美的回忆。

第三乐章中并没有表现某种固定的情感，那里面只有反复无常的姿态及无从捉摸的格调，是一个人在酒酣耳热，飘飘然之时，脑子里所想的东西。那时的情绪是既不愉悦也不悲伤，似乎并没有特定的思考主题，幻想更是自由自在纵横无阻，结果乃产生出一种最奇特的感受，可能突然间想起酒醉农夫或一首街坊上的歌谣，也可能感觉到远处传来一阵军乐声。这也是在入睡时常会遭遇到的复杂景象，它和实际生活并无关联。

第四乐章表明了一点：如果你自己寻找不到快乐的理由，去看看别人。看他们是怎样享受生活情趣，看看他们是如何把自己投入欢乐之中。它描述的是一个乡村假期，当我们看到别人高兴时，几乎还没来得及忘却自己，无情的命运就又再度前来干涉我个人。别人却不管我们如何，不但看也不看，更不注意我们是如何孤独及如何悲伤……你是否还要说整个世界都是陷在悲愁之中呢？快乐是确确实实地存在着。在别人的欢乐中寻求你自己的欢乐吧！这样可使你的生活变得可以忍受。

我对这交响曲再也没有可说的了。自然，我的描述不很清楚，它不能使你完全满意，而且器乐方面的特点无法加以分析……

附言：我在这封信付邮前，又把它读过一次。我对这复杂且不完整的主题深感不安，因这是我生平第一次将自己的音乐思想及形式以文词表达，这份工作并不很成功。我去年冬天编写这首交响曲时，精神始终提不起来。实际上它是我当时的感情反应，但那也只不过是一种反应而已。

至于怎样才能以清楚及肯定的语言把它加以重新编写，我并不知道。我早已忘却很多事情了，只有热情及痛苦经验的一般印象仍然存在。我急于知道在莫斯科的朋友对我的作品作何感想。

这封信是 1878 年 3 月 1 日从佛罗伦萨发出的，《叶甫根尼·奥涅金》恰好在一个月以前完成。他后来告诉塔涅耶夫说："我编写它时就知道它不会成功，然而我仍把它完成。如果尤尔根松有意出版，我愿把它公之于世。"

交响曲及歌剧均已写妥，柴可夫斯基心满意足地在佛罗伦萨休闲度日。他的身体康复，精神焕发，这要归功于 3 个人：莫杰斯特、阿纳托里和梅克夫人。他和莫杰斯特、康德拉契耶夫及索伏朗诺夫在 3 月中旬回到瑞士。他们在一起演奏了许多新乐曲，其中包括他特别欣赏的《西班牙交响曲》。极可能是受了拉罗的这首乐曲鼓励，他才一面编写《G 小调钢琴奏鸣曲》，一面从事《提琴协奏曲》工作。他对梅克夫人说："在一首乐曲未完成前就动手写另一首，这还是我生平第一次。"

《提琴协奏曲》在 4 月初完成后，他自己及准备初次演奏它的柯代克都不满意，于是改用现今被称为《短歌》的那首乐曲替换。柴可夫斯基加紧谱写《短歌》，当《短歌》在 4 月 11 日大功告成时，柯代克已对它毫无兴趣，接受柴可夫斯基献赠的朋友也表示没办法演奏。它直至 1881 年底才由另一位名人在维也纳作首度演出。

尼古拉 3 月 22 日在莫斯科演奏《第一钢琴协奏曲》。柴可夫斯基对尼古拉改变态度甚感高兴，他说："一开始我就相信他会演奏得很好。这乐曲本是为他编写的，我曾针对他的高超技巧考虑再三。"最后其他朋友也同样成为拥护《提琴协奏曲》的人。

在返回俄国的行期接近时，柴可夫斯基心中极为不安。他已经安逸地享受着新发现的自由生活，他写信给梅克夫人说，他想辞去音乐学院工作："过了几个月自由自在的生活后，再回去教学生，对一个完全不适于那种工作的人来说，可真是乏味！我无法使你正确地了解我自贬身价的感受。"

他对俄国政局不稳的消息颇为担忧。"社会主义暴动分子在年初时取得优势。他们一面煽动农民革命，一面以谋杀高级政府官员为手段来瘫痪政府。"他在起程回国时，深为西方国家报纸上连篇累牍的谣言而感到痛心。4 月 20 日他从维也纳写信给梅克夫人，说他自己的精神还好，极有活力，请她放心。他在 4 天后抵达卡明卡。

柴可夫斯基看到达维多夫等人仍如往常一样热情接待他

时，心中十分愉快。他随即开始工作，新的钢琴奏鸣曲于4月底完成，同时并着手为儿童编写24首小型的钢琴曲。

他和米柳柯娃离婚的一些手续交给阿纳托里办理，而且从梅克夫人那里得到出资1万卢布的承诺。梅克夫人为了慰劳柴可夫斯基，邀他前去布莱洛夫乡下的别墅小住。他满心感激地住下以后，在那优美的环境中再次寻求适当的歌剧题材。一开始，他曾考虑过《水妖记》，但最后选择了《罗密欧与朱丽叶》。他写信告诉莫杰斯特说："它使我泪如雨下……希望听众们的心境也能和我编写时一样。"

6月13日柴可夫斯基再度在莫斯科露面。第二天，参加尼古拉的生日酒会时，他发现尼古拉的脸上显露出不悦的神情。柴可夫斯基写了封信给梅克夫人提到这件事："他因为我不肯担任俄国代表去参加巴黎博览会，所以一直不原谅我。他认为我应该接受那番好意，凡是不领他情的人他都不喜欢。他希望所有在他身边的人都能感激他的栽培，而我在他的心目中似乎已是一个不受欢迎的人，这可从他的表情中看得出来。"

柴可夫斯基是为处理离婚手续而前去莫斯科的，但是米柳柯娃却不见踪影。于是他趁机逃往卡明卡，将一切留给尤尔根松办理。最后，米柳柯娃露面了，她坚决否认曾经同意过离婚。尤尔根松无可奈何，允诺给她一笔钱，请她离开莫斯科。

柴可夫斯基安全地回到莫斯科时，已决定要通知尼古拉，说他决心辞去音乐学院的教职。

辞去教授职位

柴可夫斯基想辞去教授的职位，但却失望地发现尼古拉不在莫斯科。因为当时柴可夫斯基拒绝去巴黎博览会担任俄国代表，于是尼古拉自行前去。这让柴可夫斯基的处境非常尴尬，一来他的辞职信不能向别人提出；二来他多年来受尼古拉的支持与鼓励很多，于情于理都不容许他不辞而别。因此他只好重执教鞭，他在写信给莫杰斯特时，抱怨音乐学院像是一座"肮脏、可厌的监狱"。

尼古拉从巴黎回到莫斯科以后，曾发表过一篇演说，对柴可夫斯基的作品赞不绝口，并且说巴黎人特别欢迎柴可夫斯基的乐曲。柴可夫斯基曾把这件事写信告诉梅克夫人："我似乎不必告诉你，他那篇演说真让我感到痛苦。不过第二天我仍旧把我的决定告诉了他。本来，我还认为他一定会生气，并劝我留下来，谁知道他只是说，我若离开的话，音乐学院的声誉将要减低不少。他那话的意思是说，学生们将不会因为我辞职而有任何损失。也许他说得没错，因为我是个没有经验的穷教师。可是，我事先却只以为他会说些比较坚决的话反对我辞职呢！"

他的自尊心受了创伤，1878年10月19日离开莫斯科

音乐学院，到圣彼得堡住
了 3 个星期。虽然圣彼得
堡音乐学院提供的职位待
遇较高，工作也比较轻松，
但他却因刚从莫斯科卸却
重担，无意再执教鞭，结
果辞而未就。

他从圣彼得堡到意大
利的佛罗伦萨旅行时，途
中在卡明卡和达维多夫一
家人小聚。从此，他开始
了长期的流浪生活，经常
往来俄国与其他欧洲地区

柴可夫斯基的生活照

之间，每到一个地方都做短暂的停留，而且尽量避免与外界
接触。

梅克夫人也在佛罗伦萨度假，她在那里为他租了一间屋
子。柴可夫斯基到达佛罗伦萨以后，看到了她的欢迎信，上
面写明她每天散步的时间，为的是免得他们彼此碰面。以前，
他们曾经见过一次面，但是因为她是深度近视，所以她自己
可能并不知道。后来，他们虽无意中又碰过几次面，两个人
却都没有谈过话。他们都很愿意在书信中谈对方，彼此的一
举一动也靠着文字而非常熟悉。

柴可夫斯基对佛罗伦萨的环境十分满意，当他开始编写

《第一组曲》时，心情自然愉快得很，及至得知《第四交响曲》在圣彼得堡演奏成功的消息以后，精神更为之大振。

1879 年 1 月 9 日，他又搬到瑞士的乡下去，目的是想在那宁静的天地中专心写作。2 月中旬再到巴黎，直到 3 月 5 日新歌剧编写完成时，他的"隐士生活"始告结束。他在写给莫杰斯特的信中说出他心中的感想："10 个星期以来，我每天都要从脑海里将乐曲往外挤，那真是件苦事。现在我却能自由呼吸了！昨天我到巴黎各处闲逛，觉得自己像是完全换了个人似的。"

他听说科罗尼要指挥《暴风雨》的演出，心中十分兴奋，但得知演奏后"掌声寥落，而且夹杂着三三两两的嘘声"时，他的兴奋又变成了失望。柴可夫斯基迫不及待地束装就道，准备回莫斯科。行前他写了一封谢函给科罗尼，说失败的原因绝不是由于他的高超指挥技巧，而是乐曲本身不好。不知何故，这封信竟被一份音乐杂志的编辑弄到了手，刊登出来时附加了一行含意不明的标题，说这封信是"一个作曲家高贵、真诚谦逊的难得见证"。

他回到莫斯科时，《叶甫根尼·奥涅金》首演的排练工作早已开始。柴可夫斯基对交响乐团及合唱队的印象虽都不错，但认为担任独唱的歌手有待改进。尼古拉说他很喜爱这出歌剧，塔涅耶夫表示他听过第一幕后，唯一能做的只是"哭泣"。

3 月 29 日初次演出，当晚，安东·鲁宾斯坦甚至特地从圣彼得堡赶来观赏。柴可夫斯基在演出前被带领到后台，他惊愕地发现音乐学院全体人员都在等着向他献花。演奏完毕以后，他一再地谢幕接受喝彩。不过，他认为那都是针对他个人而发，并非他的作品使然。

安东·鲁宾斯坦始终保持缄默，只在回圣彼得堡以前对他妻子说："《叶甫根尼·奥涅金》完全缺乏伟大歌剧的形态。"

评论家虽然都认为它没有艺术价值，但有一份报纸预料它将来一定会成功："它虽然缺少戏剧生命，不过柴可夫斯基的这种作品却是我们最欢迎的……"

《叶甫根尼·奥涅金》的失败随即就无关紧要了，因为他回到圣彼得堡以后，立刻面临了更为重大的问题。有人说当他不在圣彼得堡时，米柳柯娃经常徘徊在他家附近。有一天下午，他发现她在等他，她见到他以后，对他诉苦了两个小时。他答应给她钱，要她回莫斯科去，她才算暂时安静了下来，但坚决表示不肯离婚，说她仍旧很爱他。柴可夫斯基本以为付出钱后，事情就结束了，没想到事后发现，她用那笔钱在与他同幢的建筑物中租了一间屋子，而且在搬进去以后，再度发起疯来。可怜的柴可夫斯基成天遭受她的责骂及威胁。他没有办法，只好跑到莫斯科。她不肯罢休，一路追到莫斯科继续骚扰。最后，在他躲到达维多夫的家中时，米柳柯娃才停止找他麻烦。

当他从 4 月 20 日起安静下来以后不久，就着手编写《第一组曲》及名为《奥尔良的少女》歌剧。

俄罗斯音乐之魂

成长中的声誉

好消息开始从西欧传来，他的《洛可可变奏曲》在一个庆祝会上大受欢迎，大名鼎鼎的李斯特曾说"这里终于又有了好乐曲"。同时，毕罗首次在伦敦演奏《第一钢琴协奏曲》成功以后，再度在节日庆典中演奏它，照样非常轰动。科罗尼从巴黎给柴可夫斯基的信上说，《暴风雨》虽然失败，可是柴可夫斯基的许多作品都安排在未来的音乐会中演奏。

《奥尔良的少女》的第三幕在 1879 年 8 月完成后，柴可夫斯基应梅克夫人的邀请，再次到布莱洛夫她家附近居住。他对那个环境非常满意，但另一方面却因女主人近在咫尺而极感不安。正如他写信给莫杰斯特所说的，他宁愿认为她是"一个远不可及的天使"。

虽然有迹象显示，她想把友情的性质略为转变，但在柴可夫斯基停留三周期间，梅克夫人仍尽量避免与他会面。例如，她说她的小女儿尤里娅应该去拜望他时，他立即回答说那将会破坏他们之间弥足珍贵的友情。再者，她曾邀请他在她外出以后去参观她家，他在证实她确实不在家后，才依约前往。

一天下午在他散步时，无意中遇到了梅克夫人，在给阿纳托里的信中，道出了当时的情景："那个场面非常尴尬，虽然我们只面对面一会儿，我却感到不知所措。不过我仍举帽为礼，她看来也颇感意外，不知如何是好。"

柴可夫斯基急忙跑回自己的住处，并立即写信向她道歉。她答复的是满篇洋溢的热情："我现在高兴得泪都流了下来……我不企求和你有任何亲密的关系，但是我愿动也不动地靠在你身边不说话……我把你看做是我深爱着的人，而不是把你奉若神明。"

他带着完成的《第一组曲》及《奥尔良的少女》回圣彼得堡时，心中想的是什么，我们不得而知。但是梅克夫人9月26日的信却使他极为不安：

> 虽然我们很少见面，我却怀疑你是否能了解我多么嫉妒你……你知道吗？当你结婚的时候我是多么难过，心中好像被撕裂了一般。每次一想起你和那个女人在一起，我就心如刀绞。
>
> 你知道我是多坏吗？当你说不喜欢她时，我竟然感到高兴。我曾为自己的这种感受而责怪自己，但是我没有办法不这样想……我恨那个使你痛苦的女人，但如果你和她一起生活得很快乐，我会恨上加恨。
>
> 我认为她是抢走了我应该独自拥有的人，理由是

我比谁都爱你。我的这些话若是让你不开心，就请你原谅我这纯是无心的表白……

柴可夫斯基的疑虑获得了证明，而且他也意识到危险的信号逼近。不过，他仍不加理会，同时坚称他对她的感情只能以音乐表达。梅克夫人看到他的答复深感气馁，回信说要资助他在巴黎演奏《第四交响曲》。他虽怀疑那是否会成功，但也接受了她的好意。在得知科罗尼同意担任演奏指挥以后，他又前往卡明卡。

起初他想以无所事事的态度消磨时光，随后就感觉十分厌烦。10月24日他写信告诉梅克夫人，他现在只想工作，并开始不让自己空闲……

当年11月他在巴黎停留三周，并在这期间写出《G小调第二钢琴协奏曲》。此时，沙皇的性命令人担忧的消息已传遍了欧洲。接着，他和康德拉契耶夫、莫杰斯特及索伏朗诺夫由巴黎抵达罗马时，听到一个更烦心的消息。尼古拉来信抱怨，说《第一组曲》在莫斯科首次演出的成绩很不理想。

柴可夫斯基虽然常常表示不满意自己的作品，但却不愿意见到别人对他有所批评。他怒气不息地写信告诉尤尔根松说："如果不是尼古拉不对，便是我自己必须完全放弃作曲工作——不是这样的话，就是那样……难道说没人知道我听到赞扬的话时是多么高兴吗？"

实际上，《第一组曲》的演奏成绩并不真的那么差，只是少数人对它过于苛责而已。没过几天，尤尔根松又接到柴可夫斯基于 1880 年 1 月 23 日从罗马寄发的第二封信。柴可夫斯基说他身体很坏，显然是前一天得知他父亲去世的消息使他的身心均感不胜负荷。另一件让他难过的事，是亚历山德拉也在卡明卡生病了。

可是，他仍继续编写《第二钢琴协奏曲》，并将《第二交响曲》完全加以修改。以后，他还根据在罗马到处可听到的意大利民歌写出一首《意大利随想曲》。许多迹象显示柴可夫斯基在欧洲的声誉日隆。科罗尼在巴黎演奏《第四交响曲》的反应虽然不佳，《第三弦乐四重奏》及《忧郁小夜曲》却在那里享有盛名。《第一钢琴协奏曲》也在柏林及布达佩斯轰动一时。好朋友为《第一组曲》演奏成功向柴可夫斯基致贺。

柴可夫斯基在 1880 年 3 月回到圣彼得堡后，颇厌烦于繁琐的社交活动与其他杂务，甚至连他去到莫斯科后也仍然不得休息："我成天和那些上流社会人物打交道，几乎永远与燕尾服及白领分不开。那自然很荣幸，有时且极动人，但我却累得要死。"

他怀着极大的解脱心情逃到卡明卡，当他在 4 月 23 日抵达后，却发现有另一项任务在等着他。亚历山德拉和她丈夫外出度假，把小孩都留给柴可夫斯基照管。幸好，他很喜欢小孩，他觉得与孩童在一起时，比在圣彼得堡及莫斯科过那种紧张的社交生活要愉快得多。

夏天的时候，他又去到布莱洛夫，成为梅克夫人的座上客。长久以来想参观她那伟大音乐图书馆的愿望终于实现了，但仔细地浏览过其中一切资料以后，柴可夫斯基对自己的作品不但不满意，而且很悲观。正如他写信告诉莫杰斯特的，虽然他曾写过许多自认不错的作品，可是现在看来那多么没有力量，多么不熟练。他说他已决定暂时不再创作新乐曲，要把自己的精神全部用在修改早期作品上。

但他的决定并没有维持多久，当8月初到达布莱洛夫以后，他随即着手进行两项新工作：第一项是《1812序曲》，第二项是《弦乐小夜曲》。柴可夫斯基自己认为《1812序曲》太过于嘈杂，因此并没有怎样热心编写，但是《弦乐小夜曲》正好相反，它后来成为柴可夫斯基的最佳作品之一，甚至连安东·鲁宾斯坦也认为它不同凡响。

12月15日，尼古拉在莫斯科首次演奏《意大利随想曲》，听众反应热烈，新闻界的态度则比较冷淡。几星期后，它在圣彼得堡演出时，结果仍然如此。像丘伊就认为它"不是艺术作品，但对露天音乐会却是一件有价值的礼物"。

当时，柴可夫斯基比较关心《奥尔良的少女》，它在圣彼得堡排练时很不理想，歌手之间经常起争端，而他对他们也非常不满意。此外，上演的预算缩减、纳甫拉夫尼克要求修改内容等，都是柴可夫斯基深感头痛的问题。但是1881年2月25日的首演成绩相当令人愉快，他出场谢幕不下24次之多。

第二天，他起程前往意大利时，坚信他这新作颇为成功。不过，他并没有考虑到那些批评家的反应，当以丘伊为首的那些人不断对它苛求时，歌剧竟在卖座鼎盛中被迫停演了。他在罗马备受许多俄国贵族的奉承。一切使他非常厌倦，他认为那比什么都无聊及令人难受……

尤尔根松从莫斯科来信，说柴可夫斯基现在有了诉请离婚的理由，因为米柳柯娃已另结新欢，而且还生了一个孩子。柴可夫斯基却不愿闹上法院，怕的是她可能把一切张扬开来，于是任其自行发展。

3月13日发生了大多数欧洲人早已料到的事，沙皇亚历山大二世被刺身亡。柴可夫斯基写信告诉梅克夫人说："现时身在国外真是难过得很！我急于要回俄国。"

10天后，尼古拉突然在巴黎去世，柴可夫斯基立刻前去致哀。柴可夫斯基在几星期后回到莫斯科，吃惊地听到梅克夫人行将破产的传闻。他随即去信询问缘由，她答复说她儿子确曾花掉她几百万卢布，但保证给他的津贴绝不受影响。不过他仍意志消沉地告诉莫杰斯特，说他极可能被迫重执教鞭。他坚决表示不愿担任莫斯科音乐学院的负责人。

1881年的夏季柴可夫斯基是在卡明卡度过的，他没有心情作曲，一心忙着研究宗教音乐及校编的作品。虽然提不起对这份工作的兴趣，但那是受了尤尔根松的委托，为的是自己可以多赚点钱。柴可夫斯基再去意大利以后，立刻知道一位音乐名人朋友在维也纳首次演奏他的《提琴协奏曲》，而且为了有些名家对它大肆批评而深感愤怒、难过。

他写信告诉尤尔根松说，《叶甫根尼·奥涅金》及《奥尔良的少女》停止演出使他难过，《第二钢琴协奏曲》与《提琴协奏曲》还没在俄国演奏也使他伤心。不过他最难以忍受的事，显然是歌剧院为里姆斯基·科萨柯夫的歌剧《天鹅湖》的演出而出资 3 万卢布的消息，因为他早已想把它作为自己作品的名称。

他通过工作来安慰自己，1882 年初着手编写的《钢琴三重奏》乐曲在几个星期后完成，内容相当长，它是否能成功，他毫无信心。这首《钢琴三重奏》乐曲是献赠给尼古拉的，它的确是柴可夫斯基室内乐中的杰作。

1882 年夏季，莫斯科正在举办"艺术及工业展览会"，柴可夫斯基的许多乐曲都在当时做初次的演奏。塔涅耶夫 5 月 30 日在第一场音乐会中演奏了柴可夫斯基的《第二钢琴协奏曲》，听众的反应十分热烈。

柴可夫斯基以后也曾出席从头到尾全都演奏他作品的音乐会，其中，《1812 序曲》及《提琴协奏曲》都是首次在莫斯科听到的。这些乐曲的演奏成绩都非常好，对柴可夫斯基来说，这应该是苦尽甘来及扬眉吐气的时刻。但他发现莫斯科的低沉气氛难以忍受，深觉除了到乡下或出国外，根本没有其他办法可以使他生活下去。

柴可夫斯基回到卡明卡后，着手编写歌剧《马捷帕》，但是进度极慢，他在 9 月写信给梅克夫人，说他从来不曾发现有如此难写的作品，说不定是他的创作力日渐衰退也未可知。10 月 30 日《A 小调钢琴三重奏》首次在莫斯科演奏时，照样是赢得了听众的心及败给了新闻界。不过，塔涅耶夫却认为它出众超凡。

1883 年 1 月，柴可夫斯基在巴黎进行国内交付他的两项紧急工作：一是为用以庆祝 5 月沙皇亚历山大三世加冕的名为《莫斯科》的清唱剧谱曲；二是一首准备在加冕大典一星期后演奏的进行曲，任务完成后，他在 5 月底回到圣彼得堡。

1884 年 2 月 15 日，《马捷帕》在莫斯科初次演出时，盛况空前，但他仍相信那种情形全是因为他的名字，而不是他的作品有什么特别值得欣赏的地方。为了不愿出席圣彼得堡的首演，他又去了巴黎。但这次却是一项严重的错误，因为沙皇本人也出席了演奏会。沙皇发现柴可夫斯基不在场时，"深为惊讶"。

莫杰斯特去信告诉他说，演奏成绩未尽理想，报界的一般反应是毁多于誉；尤尔根松则率直指出那是因为柴可夫斯基缺席所致。纳甫拉夫尼克劝柴可夫斯基即刻回国，因为风闻沙皇将召见他，且经证明确系事实。皇室在几天后也宣布要授给柴可夫斯基第四等奖章。不巧的是他正患着重感冒，只好抱病在 3 月 19 日回国领奖。

柴可夫斯基没参加《马捷帕》在圣彼得堡的初次演出之事，就如此交代过去了。他以获得沙皇授奖而深以为荣。当他带着满腔愉快的心情及皇家颁赠的奖章回到卡明卡以后，他决定要休息一段时间，并计划下一步工作。

光辉的顶点

当柴可夫斯基和梅克夫人两个人彼此通信的次数越来越少，及信的内容也越来越短以后，柴可夫斯基的日记就能提供一些宝贵的数据。例如，我们从日记中知道，他回到卡明卡以后，并没有编写新曲的心情。

他在1884年4月25日的日记上提到，《音乐会幻想曲》是由以前的一首钢琴协奏曲改编而成的。4月28日他的日记上又说："我在进行编写新曲时，工作很不顺利……"

他所编写的是《第三交响乐组曲》，因进度不佳，心情也就日益沉重。他怀疑自己的创作灵感已经枯竭。他在5月6日的日记中写道："并不是有心假意谦逊，我实在是毫无成就！在我的实际工作中，没有可作为模范的作品。宁静的环境与生活已与我绝缘，苦恼和疑虑使我再也无法忍受了。现在，我想独自一人以自己的方式度日，我需要的是个温馨的家。"

这是他第一次表示想要过家庭生活。几天后他写信给梅克夫人时，也提到这种意念："我向往的是一处不大新的小屋，附有一个美丽的花园，最好也有一个小溪和丛林。附近如果有火车站更好。"

思考中的柴可夫斯基

但是，梅克夫人因为财产受到损失，被迫把在布莱洛夫的房屋出售，只能邀约柴可夫斯基到她那较不华丽的乡居中去。他为此十分感激她的盛情，在那里直住到 10 月底才离开。圣彼得堡在 10 月底再度演出《叶甫根尼·奥涅金》时，观众表示热烈欢迎，但批评家的反应依然冷淡。丘伊说它"单调无味"，可是那并未使它成功的声势有所动摇，以后它果然成为继格林卡的《为沙皇而生》之后，全俄国最受欢迎的歌剧。

虽然柴可夫斯基在当时并未注意到这些，但此次演出却是他生命的转折点。莫杰斯特认为《叶甫根尼·奥涅金》的成功使柴可夫斯基"名利双收"："……他的名字一向只有音乐界的人知道和尊重，现在却是家喻户晓，以前的俄国作曲家谁都没有这种知名度。"

但是，这时柴可夫斯基却有另外的心事，因为在瑞士的柯代克因肺病而生命垂危。在圣彼得堡演出第二场《叶甫根尼·奥涅金》以后，柴可夫斯基便急忙赶往瑞士，去见柯代克最后一面，以后又再转往巴黎。

　　流浪的生活使他一天比一天痛苦，使他更下定决心要成立一个家，无论它是在卡明卡或是莫斯科。当他再回到莫斯科以后，便以一年的租期在离克林不远的地方租了一所屋子，1885 年 1 月起搬往那里定居以后，写信告诉莫杰斯特说："现在我可以随意地吃、住及行动了。这才是实际生活。"

　　其实，他极有理由过愉快的生活。除了《叶甫根尼·奥涅金》演出成功及在俄国的声誉日隆外，《第三交响乐组曲》在圣彼得堡初次演奏也很受欢迎，而且，莫斯科音乐协会一致推选他为负责人。此时，他开始把心爱的歌剧《铁匠瓦库拉》重新改写，使它在 4 月时呈现出崭新的面貌。他把自认为不好的地方全都舍弃，好的则保留下来。

　　这一番修改工作非常重要，完成后，柴可夫斯基将它拿到圣彼得堡去，和歌剧院研商上演问题，结果相当圆满。

　　在圣彼得堡停留期间，阿纳托里陪他共度了他的 45 岁生辰，并出席音乐学院的宴会。回莫斯科后接获通知，要他继尼古拉的遗缺出掌音乐学院。一切努力总算有了收获，他愉快地编写着新交响曲《曼弗雷德》。巴拉基列夫在 3 年前曾向他提起根据拜伦的诗剧《曼弗雷德》编写乐曲的事，但他当时对此并不感兴趣。到巴拉基列夫在 1884 年冬季旧事重提以后，他却应允第二年夏季以前将它完成。

　　柴可夫斯基曾为此事表示后悔，6 月 25 日他写信告诉塔涅耶夫说："我去年冬天轻率地答应过巴拉基列夫以后，就决心要把《曼弗雷德》编写完成，否则我将不会安心。我不知道结果会怎么样，但心里感觉不是味道。因为在没有一定格局的情形下编写乐曲，要比这样愉快得多。"

虽然心中极感不安，但柴可夫斯基仍然想在9月以前把它完成。他很怕工作成绩不好，作品演出一两次后即告无影无踪。由于对它缺乏信心，及担心它不受一般人欢迎，他不肯让尤尔根松出版，因为他觉得这位出版商没办法靠它赚钱。

他在作曲期间曾换过住处，新房子的内部装饰与布置工作由索伏朗诺夫负责。据莫杰斯特说，索伏朗诺夫是一个"缺乏任何美感或鉴赏力"的人，于是屋子里被他弄得净是些最简陋的家具和没有用处的东西。

柴可夫斯基自己也买了一些生活中根本不需要的东西，包括费了很大心思才买到的两匹马，及一座根本不走的英国钟。但是，柴可夫斯基对这两样新东西颇为自豪，他曾高兴地指这指那说："这是我的桌布，这是我的狗，这是我的银器。"莫杰斯特说："柴可夫斯基高兴得像个小孩子。"

他的家只欢迎像卡什金、塔涅耶夫、休伯特、阿里布列赫特，及拉罗什等这些人物，柴可夫斯基每天在家中过着极有规律的生活，直至他去世为止。他在早晨7点至8点钟之间起床后，花费一小时左右的时间喝茶，阅读圣经与其他读物。九点半开始工作以前，他常做片刻散步。

中午1点钟用过午餐后，独自散步两小时，将构想出来的许多乐曲的想法都记在小册子中，像贝多芬的做法一样，以便第二天早晨在钢琴前面编写。

4点钟回屋用茶时，如凑巧有客人到来，柴可夫斯基就和他谈天。5点起再工作两小时，晚餐前与别人一起散步。在一天结束以前，他利用阅读、玩牌、谈天或弹琴来松弛身心，晚上11点回房写日记或读书。

自此时起，柴可夫斯基不让别人得知他未出刊的新作品，甚至连最亲密的朋友也不例外。他在《曼弗雷德》未完成前即已着手编写歌剧《女巫》。9月21日他写信告诉梅克夫人，第一幕中充满动作与活力，非常不错。如果不受阻碍，全部工作可望在春季完成。

当第一幕在两星期内完成后，他又对她表示自己越来越起劲了。工作开始时虽然一切顺利，但以后却遭遇到种种困难，直到一年半以后才全部完成。他一直在家中待到1886年3月，才去莫斯科参加《曼弗雷德》的首演。

演奏成功证明了他认为这是他最好的交响曲诚属不虚。奇怪的是听众反应冷淡，批评家却反而赞誉有加。甚至连丘伊都说："我们应该感谢柴可夫斯基，因为他丰富了我们国家的交响乐财富。"

虽然，丘伊和别的批评家都很欣赏《曼弗雷德》，但是它却找不到经常演奏的场所。一个月以后，他和阿纳托里到第比利斯去参加演奏他作品的音乐会。当他进入包厢时，全场的人起立向他致敬，此时他的一切失意全部一扫而空。以后他接受献礼，而且当地音乐协会的欢迎会中也发表了动听、诚恳的赞词向他致意。

柴可夫斯基非常重视这小镇给自己的礼遇，认为它比莫斯科及圣彼得堡的赞许来得有意义。他受宠若惊地说这是他一生中最高兴的一个月。以前从未体验到这种事……这是一段值得珍惜的回忆。

他从第比利斯乘船转往马赛，然后再坐上火车，于5月底抵达巴黎。他在巴黎的大部分时间都消磨在歌剧院中，但同时也在编写《女巫》的第三幕。他曾在那里遇到拉罗等名人，然而最使他深为感动的事则是法国音乐大师德利伯的来访。6月回到家中后，他告诉梅克夫人说还是自己的家好："当我离开家时，小屋子是深埋在雪中，现在它却被花草环绕着，十分美丽可爱。我在国外3个月期间，把工作的时间都浪费了，不过我感觉现在的精神很充沛，即使把全部时间都用在工作上也不会疲倦。"

柴可夫斯基继续编写《女巫》，他在每天的长篇日记中提到许多问题。10月2日他写道："在我死了以后，世间的人可能会发现我的音乐偏好及偏见很有意思。"

他在贝多芬的若干书信公开发表以后，说他自己"无条件地"敬佩贝多芬，但却并不喜欢贝多芬。他发现莫扎特在音乐领域中是"一切美好的累积点"；他欣赏先进音乐家巴赫的原因，只是觉得"他弹奏的赋格曲很好"，而并非因为巴赫是一个伟大的天才；他说亨德尔"不过只是第四流"的作曲家，还说他"甚至连一点风趣都没有"；他认为格鲁克"值得同情"，虽然"他的创作天才很糟"；他说海顿的"若干作品"有可欣赏的地方；他觉得勃拉姆斯是一个"怯生的凡人"，他曾为了人们说勃拉姆斯"应被看做是天才"而愤愤不平。

柴可夫斯基在 12 月患上严重的偏头痛，但不久他仍回到莫斯科指挥《铁匠瓦库拉》的演出。这是他多年来首次在指挥台上公开露面，经过排练后效果很好，他对自己的技巧也很感满意，他愉快地写信告诉莫杰斯特。

演出的日期被安排在 1887 年 1 月 31 日，但是当天早晨他醒来时，却感觉到自己"真正生了病"，整天"心里有说不出来的疼痛"，傍晚到达剧院时，他已经呈现"半死"状态。幸而听众的热情非比寻常，他的精神才勉强提了起来，苦撑到完成一场成功的演出。

回家后他听说亚历山德拉的大女儿在卡明卡死去的消息，但仍然埋头编写《女巫》，而且告诉梅克夫人说他梦寐以求的是"有一天能在外国举行音乐会"。现在，他已不畏惧公开指挥了，他对梅克夫人说，他的精神比以前强韧得多，凡是不曾想到的事，只要他去办都可办得到。他允诺在1887 年 3 月 17 日亲自指挥演奏自己作品的音乐会以资证明，而且事后证明演出成绩确实不错。

不过，《女巫》直至当年 5 月才告完成。接着，他开始在夏季四处旅行。他十分欣赏高加索的美丽风光，每天花费在编写弦乐六重奏乐曲及一首名为《莫扎特风格》的交响乐组曲的时间只有 1 小时，他的假期在 7 月中断，因为康德拉契耶夫在亚琛生命垂危，要他前去。

无奈他起程前往时，竟感到自己此行是基于责任而非友情。亚琛之行并未使他的忧郁感解除："……每一个人都敬佩我的牺牲，但我实在没什么牺牲可言。我的生活很安静，吃喝不愁。别人连购办生活必需品都感到力不从心，根本没有余钱可供挥霍；但我除了花钱买奢侈品以外，竟然无所事事。这是不是利己主义？我并没有像对待自己那样善待我的邻居呀！"

他在亚琛完成了《莫扎特风格》交响乐组曲及《随想小品》大提琴及交响乐曲，于 9 月回到家中。两个星期以后他接到康德拉契耶夫死亡的消息。由于情绪不佳，他在日记中写出了颇富于哲学意味的话语："生命何其短促！我还要做的、要想的以及要说的事情究竟还有多少？我们始终没有什么成就，可是死亡却已经在向我招手了。"

《女巫》于 10 月在圣彼得堡排练，11 月 1 日由柴可夫斯基指挥首演，以后又再上演 4 次，他深信这是他最好的歌剧作品。但是，听众竟然对它缺乏热忱，第五次演出时座上观众只有五成左右，使得柴可夫斯基备感屈辱与恼怒，他对梅克夫人抱怨说："我对它所付出的精力及所作的牺牲较之任何别的歌剧都多，可是我却不曾被批评得这么厉害过。"

好在几天后情势有所改变，他在莫斯科的音乐会非常成功，听众和批评家对包括《1812 序曲》及《莫扎特风格》交响乐组曲在内的全部乐曲都表示满意。柴可夫斯基恢复了信心，他计划从事第一次国外音乐旅行，而他的国际性事业也就此揭开了序幕。

国际旅行

柴可夫斯基不再以流浪汉的身份遍游欧洲了，因为现在他已在俄国奠定了大音乐家的地位。他在 1887 年 12 月 27 日，起程到各国环游时，第一个目标本来是莱比锡，但他却先去了柏林，和 18 年前使他难堪的旧识女歌唱家阿尔托小姐相见。

与他一起做客的还有勃拉姆斯，柴可夫斯基形容他是"一个矮胖、英俊的男人……他那几乎像老年人的清秀会使人想起年长的俄国传教士的那种仁慈"，他发现勃拉姆斯很容易相处。

挪威作曲家格里格夫妇也在布罗茨基家中停留，柴可夫斯基愉快地发现，格里格的为人和他那"极富感情的音乐"正好匹配，而柴可夫斯基对格里格的音乐则仰慕已久。英国有名的作曲家史密斯女士也和他们一起，柴可夫斯基认为她"并不美丽，但有人们所认为动人或聪明的面容"。

1888 年 1 月 2 日，柴可夫斯基初次面临考验，因为一位著名的指挥家要和他共同指挥音乐演奏。柴可夫斯基指挥时极为紧张，但经尽力克制以后，结果相当成功。他写信告诉莫杰斯特说勃拉姆斯当时也在场："昨天和今天我们曾在一起很久。实际我们并不欣赏对方，所以都不自在，但他还是尽力对我表示友好。"

柴可夫斯基在信上还说由于思乡心切，他竟然觉得此地的一切都令人厌烦。不过，《第一组曲》在 1 月 4 日公开排演时成绩极佳，主要是音乐家及学音乐的学生都对它颇为赞许。更令柴可夫斯基高兴的是格里格曾写给他一封致贺及欣赏的短信。第二天举行的音乐会虽然并不十全十美，柴可夫斯基却也曾谢幕过两次。接着，又有一个柴可夫斯基室内乐的演奏会，会中所演奏的《钢琴三重奏》也获得了听众及批评家的良好反应。

柴可夫斯基从莱比锡到汉堡以后，听过毕罗指挥贝多芬的《英雄交响曲》演奏。然后，他又观赏莎士比亚剧本《奥赛罗》的演出。在这期间，他接到俄国皇家歌剧院负责人的电报，说沙皇已允准每年给他 3000 卢布的终生津贴。

柴可夫斯基一方面怀疑他自己是否有资格获得此种殊荣，一方面回到汉堡指挥他作品的音乐会，演奏的内容包括《第一钢琴协奏曲》及《弦乐小夜曲》。当地的听众对他的作品并不太欣赏，汉堡音乐协会的主席拉尔曼特却另有见地。拉尔曼特公开表示自己不喜欢柴可夫斯基的音乐，但他根据"伟大的德国传统"，认为柴可夫斯基是一个优秀的作曲人才。

柴可夫斯基日后曾写道："他含泪要求我离开俄国并永远在德国定居，他说那里的古老传统及高度文化可以改正我的错失，而那种错失是因我出生及受教育的国家既不开明且远不如德国所造成的。"

柴可夫斯基虽然感到委屈，却仍和拉尔曼特结为知己，以后他还把《第五交响曲》献赠给拉尔曼特。从汉堡回到柏林后，柴可夫斯基在 2 月 8 日举行了一场音乐会，结果仍是听众的情绪比批评家为佳，最使柴可夫斯基不悦的，是有人说音乐会无券亦可进场。

此时，他首次听到施特劳斯的音乐，他认为施特劳斯那首编为 12 号的交响曲"过于自负"及显示他"缺乏天才"。柏林是他在德国的最后一站，但他穿越边界前往波希米亚的布拉格举行多场音乐会以前，又到莱比锡小住了一段时日。

中欧政局的紧张情势正日益加剧，俾斯麦已发表过许多高度反俄的演讲，柴可夫斯基生怕他去布拉格会被捷克用作宣传武器及煽动反德的情绪。他把这事告知梅克夫人，说他在德国曾受到礼遇，因此觉得他有义务来报答德国人。当他在莱比锡时，有一个军乐队曾在他旅馆窗前停留一小时，所演奏的乐曲中且有《上帝保佑沙皇》。因此，他不愿他的访问被捷克利用在政治目的上。

但事实证明他的疑虑是多余的。当他抵达布拉格以后，当地的人向他表示他们喜欢俄国，他们对他的招待也只有贵宾方能享受得到。柴可夫斯基立即成为布拉格社交界注目的焦点，他经常出席演讲。他的两场音乐会也十分成功，捷克的大作曲家德沃夏克还把自己的《第二交响曲》献赠给柴可夫斯基，上面写的是："赠给柴可夫斯基，纪念他访问布拉格。德沃夏克，1888年2月18日。"

他知道这并不完全是针对他或他的音乐，正如第一次布拉格音乐会以后，他在日记中所写的："一般说来，这当然是我一生中最值得纪念的日子。我已经变得十分喜欢这些善良的捷克人——而且有充分的理由。天啊，那是多么热情！但实际那并不是为了我，而是为了我亲爱的俄国。"

从波希米亚去到法国后，柴可夫斯基也曾受到热烈的欢迎。法、俄两国刚签订同盟协议，当时一切有关俄国的事物在巴黎都很吃香。听众对他的两场音乐会反应很好，不过，批评家却说"他不像人们所想象的那么俄化"。

他最后到伦敦，在英国皇家音乐协会举行的音乐会也非常受欢迎。但他指挥的《弦乐小夜曲》及《第三组曲》的变奏曲，却为他在柏林的坏名声奠立了基础，他在那里的失败迄今犹不曾改观。伦敦对他的欢迎使他心花怒放，而他也为第一次环球指挥旅游工作的结束而备感轻松。他写信给尤尔根松时，道出了他的感想："我已经耗费了许多金钱、健康和精力。虽然我换回了些名声，但是我时时在问自己'为什么'，以及'值得吗'？我的结论是：在没有名气的情形下过安静的生活是比较好些。"

当柴可夫斯基外出旅游时，他的仆人索伏朗诺夫遵从指示，搬到伏罗洛夫斯克的乡下房屋居住。柴可夫斯基在第比利斯小住不久以后，于1888年4月取得这新居的所有权。

它比较简单，装修也不像曼达诺夫那样好，但位于景色极美的林山上面。

柴可夫斯基在一个月以后写信给莫杰斯特，说已"爱上了"他的新居，而且把它形容为"天堂"："它实在美得很，每天早晨我出去做半小时的散步时，不得不把时间延长到两小时……除稍作一点修改乐曲的工作外，我还没开始从事别的创作。说句坦白话，我觉得现在还没有创作的兴致……是我已经写不出什么东西来吗？还是没有概念、没有这种渴望？"

他也告诉梅克夫人，说他很喜欢整理花园。但他的创作冲动在6月22日又恢复了："我急于要证明我还能作曲，不但要对别人证明，而且也要对我自己证明。我不是已经告诉你我要编写一首交响曲吗？开始时虽然困难，但是现在灵感似乎已经到来。我们等着瞧吧！"

他的灵感果实E小调《第五交响曲》，在8月底大功告成，他认为"并不比别的乐曲差"，随后又立即编写《哈姆雷特幻想序曲》献赠给格里格。不久后，这些新作品都在圣彼得堡首度演奏，而且均由柴可夫斯基亲自指挥。

新交响曲于11月17日首演，一星期后，即24日，《哈姆雷特》也公开露面。虽然交响曲在24日的音乐会中曾作第二次演奏，两场音乐会却都惨败。

柴可夫斯基接着又到布拉格去指挥《叶甫根尼·奥涅金》《第五交响曲》及《第二钢琴协奏曲》演奏，结果成绩都不理想，因为主办单位准备不周，音乐会根本就没办好。回到伏罗洛夫斯克以后，他的心情更坏，原因是休伯特和达维多娃两个亲近的朋友均已去世。

此时，他对创作伟大作品失去了信心，在写给梅克夫人的信上，他透露了心中的想法："我的新交响曲在圣彼得堡演奏过两次，在布拉格演奏过一次之后，我已经承认完全失败……我真是像他们所说的，再也写不出东西来了吗？……昨天晚上我把《第四交响曲》看了一遍，它好得令我不敢相信！这其间的差别真是无以名状，确实使人难过。"

我们现在知道，当时他把《第五交响曲》拿来与《第四交响曲》比较优劣，实在是言之过早，因为以后当大家公认《第五交响曲》非常成功后，他的见解随之有所转变。不过，柴可夫斯基当时并不知道会如此，他只是一方面在案头寻求安慰，一方面埋首编写歌剧《睡美人》，在5个星期内完成了它的前四幕以后，2月2日做首次的排演。

柴可夫斯基在3天后以指挥家身份起程作第二度的国际旅行，旅程仍以德国为第一站。2月12日他在科隆初次指挥《第三组曲》演奏。虽然他曾写信给莫杰斯特说他思乡心切，急欲回家，但是音乐会却很轰动。法兰克福的情况也不差，他曾对朋友说："法兰克福的人都很守旧，我在德国被看做是一个大名鼎鼎的革命分子。"

相形之下，他在德累斯顿的音乐会并不成功，柴可夫斯基将其归咎于"三流的"交响乐团，因它在技术上没办法配合《第四交响曲》的要求。他疲倦地抵达柏林，迎接他的是夹杂着嘘声的欢呼。日内瓦的反应不坏，当地的俄国社团曾向他献花。

3月11日到达汉堡，他知道勃拉姆斯要参观《第五交响曲》排演时，感觉非常荣幸。勃拉姆斯在午餐桌旁把他的意见坦白告诉柴可夫斯基，说《第五交响曲》除了最后一个乐章以外，其他部分都很好。柴可夫斯基深为这个诚实的批评所感动，就邀请勃拉姆斯访问俄国，并担任俄国音乐协会举办的一场音乐会指挥，可是勃拉姆斯没有接受。

3月15日的那场音乐会中，《第五交响曲》演奏成绩奇佳，听众非常满意，使得柴可夫斯基对它改变了看法，他说："现在我比较喜欢它了。可惜拉尔曼特病重，没能听到献赠给他的这首乐曲的演奏。"

俄国报界对柴可夫斯基缺乏兴趣的情形，使他在汉堡的胜利为之失色。他在信上告诉妹夫达维多夫说："除了我最亲近及最密切的人之外，将没有别人能听到我成功的消息。这里的日报上，登载着瓦格纳在俄国演奏的长篇电闻，我当然不是瓦格纳第二，不过俄国人最起码也该了解一下我在德国是如何受欢迎。"

3月8日他抵达巴黎，在等候去伦敦的船只时，他几乎有一个月时间都在探访朋友和观赏歌剧。他听过科罗尼成功地演奏《第三组曲》的三个乐章，心中兴奋不已。到达伦敦后，他对大雾和交响乐团的水平印象深刻。伦敦举办的音乐会证明了他前一年所获得的美名确是实至名归。

4月12日他起程返国，告诉达维多夫说他再也不离开伏罗洛夫斯克。回程时他由马赛乘船过地中海，再经由第比利斯转往莫斯科，于5月19日返回家中。他在伏罗洛夫斯克的家中快乐地住了下来，夏天的几个月他都埋首于《睡美人》的谱曲工作。这新芭蕾舞曲很不容易编写。他在8月6日写信给梅克夫人："乐器似乎给我添了比从前更多的麻烦，因此工作进度很慢，不过或许如此反倒好些。我以前的许多作品都是匆忙赶成及缺乏思考。"

乐曲在8月底完成，并于第二年排练。1890年1月14日首次公开演出时，沙皇亚历山大三世亲自前往观赏，评语只有"很好"两个字，让柴可夫斯基感到很失望。更糟的是听众的反应也并不热烈，于是他伤心地跑到西欧去。当他到达柏林时，他决定选择佛罗伦萨为下一站的目的地。

最大的打击

他已有8年未曾去过佛罗伦萨，1月30日抵达后，立即着手编写新歌剧《黑桃皇后》。他越写越有兴趣，而且不停地要求莫杰斯特提供修正意见。3月31日完成第二幕中的钢琴曲后，郑重其事地告诉他弟弟："要是我的判断没有错误的话，《黑桃皇后》绝对是一首杰作。"

一星期后他前往罗马，不久，全部歌剧的钢琴曲均告完成。当 5 月初他回到伏罗洛夫斯克家中时，第一幕已经交由交响乐团演奏。他出国期间家中的变化使他大感不痛快，因为住屋附近的林木都被砍掉了。虽然失望，6 月 5 日他仍能在日记上写出"歌剧编写完成"几个字。

他随即又开始编写弦乐六重奏曲《佛罗伦萨的回忆》，并"以最大的热忱"及"一点也不费力地"，在 6 月底编写完毕。这乐曲反映了他心境的快慰。8 月，他到卡明卡去见亚历山德拉，但因她生病的关系，家中气氛阴沉得很，于是柴可夫斯基又前往第比利斯与阿纳托里夫妇同住。

10 月 4 日，他接到梅克夫人的信，说她濒临破产边缘。她告诉他，他的津贴必须停止，而且信尾透露出他们的友谊还是像以前一样："不要忘怀，希望你有时仍然想着我。"

柴可夫斯基当天给她回信中写道：

我最亲爱的朋友：

你最近来信告诉我的消息令我十分关心，不过我并不是为自己，而是为你。如果我说，这种变化不会影响我的经济状况，那当然不是真话。但是它并不像你所担心的那么严重影响到我。我的收入这几年有所增加，而且现在看来这种加薪会继续下去……我节俭花销是没有什么关系的。重要的是你的生活需求牵涉很广，这真是可怕而且令人心急的事情。

　　我感觉到自己正在怪罪什么人，但我不知道真正应该怪罪的是哪一个。何况，我生气一点用也没有，而且也无权干预你的家务事……你真以为我收不到你的钱就不再记得你吗？你信中最后两句话真是伤了我的心，但我不认为你的想法是如此。

　　我怎么会忘记你为我所做的一切使我感激的事呢？我可以毫不夸张地说，是你拯救了我以及我的音乐生命。……你不能对自己曾经的慷慨还有所怀疑，否则你是永远也不会说"希望你有时仍然想着我"这样的话的。

　　说句真话，过去我不曾忘记过你，而且将来也会永远记得你，不论何时，我一想到自己，心就自然而然地转向你。请你永远相信，我对你的困境比谁都关心，有关我的情形我仍会继续写信告诉你，原谅我这封忙中写就的信是如此潦草，因为心中太乱，所以写不好。

　　柴可夫斯基把这封信寄出以后，很长时间没有收到回复。不久，他得知梅克夫人的经济困难已经解决，而且没有破产时，由宽心而转变成一丝恼怒。柴可夫斯基感到自尊心受到了伤害，虽然想尽量忘掉此事，心中却始终怀疑她最后的一封信是在找借口以便把自己排除在外。他决心要从这一段奇怪友情的背后，把它的真相挖掘出来。

难以割舍的感情

柴可夫斯基对梅克夫人说，她的决定"并没像她所担心的那么严重"影响到他，但他在写给尤尔根松的信中所说的，却完全是另一种情形："现在，我必须开始过新生活，费用开支的范围也和以前有所不同。为了要得到好的待遇，我可能得在圣彼得堡找一份工作。这是相当没面子的事——说起来还真是'丢人'。"

后来，听说他的"女施主"并没破产时，他又写了封信给尤尔根松："我从来不曾因她的慷慨施舍产生自卑，但现在回想起来却使我在心理上的负担感到很沉重。她伤害了我的自尊心；我本来认为她可能永远准备帮助我及肯为我作任何牺牲的，可是这些信念已完全被她背弃得一干二净。"

我们现在终于找到了这件事情的关键所在：梅克夫人表面上的鲁莽行动对柴可夫斯基自尊心的伤害，较之使他金钱受损的程度还大。柴可夫斯基后来虽然去信向她保证继续保持友爱，及希望她能有所解释，结果却仍然没有回音。他只好写信问她的女婿巴胡尔斯基，但对方极有礼貌的答复是，她的精神病情况严重，不能写信。

根据其他的证据显示，梅克夫人严重的精神病不但改变了她和柴可夫斯基的关系，而且也使其他的人深受影响。柴可夫斯基在 1891 年 6 月 18 日又求助于巴胡尔斯基，目的是想发现事实真相及重燃旧情。然而请巴胡尔斯基面交梅克夫人的信仍被退了回来。

《黑桃皇后》于 1890 年 12 月 19 日在圣彼得堡举行首演，柴可夫斯基因为它的演出成功而感到非常高兴，而且它早在两天前彩排时就获得了躬亲观赏的沙皇颁发奖状。

莫杰斯特回忆它演出时的情景是"艺术家和听众一整晚所领略的满意感，是任何歌剧表演时极少有情形"。但是，新闻媒体并没有反映出社会大众对它的热忱，反之，报上却不时刊登恶评。有一个人还说柴可夫斯基"不避讳地在模仿其他作曲家"。不过，几天后它在基辅演出时所得到的欢迎程度却比在圣彼得堡还要热烈。

柴可夫斯基在基辅成了风云人物后，急于要为歌剧院下一季的歌剧和芭蕾舞寻求题材，于是前往卡明卡去过新年。他在 1891 年 1 月 18 日回到伏罗洛夫斯克以后，忙着谱写《哈姆雷特》的伴奏曲，他对那种工作虽没有兴趣，但因已经答应法国的演员为他 2 月的义演谱写曲子，所以只好勉为其难了。

为法国著名演员编写的乐曲完成后，柴可夫斯基就根据歌剧院供应的题材编写芭蕾舞曲大纲。他并不欣赏《胡桃夹子》那个故事，但在工作有所进展时，他却一改初衷，变得比较热心起来。他急于要到国外旅行，想在起程前尽量多赶一些进度。朋友邀请他去美国访问，但他在三月离开伏罗洛夫斯克并在圣彼得堡商讨《胡桃夹子》上演问题以后，却在当月 18 日到西欧去了。

柴可夫斯基在去德国的途中仍继续编写芭蕾舞曲。当他聆听过自己的《1812 序曲》在柏林的演奏后，写信告诉达维多夫，说他在许多陌生的听众当中欣赏自己的乐曲，心中真是欣喜莫名。

他离开柏林后，就前去巴黎指挥一个演奏他作品的音乐会，正好莫杰斯特及萨伯尔尼可夫以及莎菲曼特等人当时也都在巴黎。但是他已经变得日益消沉而且思乡心切，即使音乐会很成功也未能使他提起精神，更糟的是他还得等上 12天才有船。

为了打发时间及编写《胡桃夹子》乐曲，柴可夫斯基决定在里昂停留 10 天，并安排莫杰斯特、萨伯尔尼可夫和莎菲曼特 4 月 16 日在那里和他会面。计划未能实现，因为莫杰斯特在 4 月 9 日接到消息，说他亲爱的妹妹亚历山德拉已经亡故。莫杰斯特知道这不幸的事会使他哥哥心碎欲绝，于是在 4 月 10 日只身去里昂，准备当面告知柴可夫斯基。

莫杰斯特发现他哥哥当时的心情极其孤寂与忧伤，因此认为还是不让柴可夫斯基知道亚历山德拉死亡的消息为好。而且，他相信横渡大西洋的旅途可使柴可夫斯基的心情缓和下来，因此借故伪称想家，而催促哥哥送他一程。

莫杰斯特在起程回圣彼得堡时，还暗自庆幸柴可夫斯基不必为亚历山德拉的死亡在旅途中难过，但是他的一番好意并没有收到预期的效果。柴可夫斯基在心情不佳的情况下回到巴黎，无意中在歌剧院阅览室的俄国报纸上看到了亚历山德拉的讣文。

柴可夫斯基立刻写信给莫杰斯特："我像被蛇咬了一口似的跑出去，去到了莎菲曼特和萨伯尔尼可夫两人家里。幸好他们都在此地……我本来想放弃美国之行，立刻回到圣彼得堡，可是随后认为那并没有什么用处……所以我仍然决定到美国旅行。我心中非常难过，而且特别为达维多夫感到悲伤，不过就我自己的经验来说，我相信像他那样年岁是很容易从这种打击中恢复过来的……"

最后的乐章

欧美旅程

　　柴可夫斯基满怀忧伤地踏上前往美国的旅途，船上有一位乘客在出航后一个小时就自杀死亡，外加心中的思乡病，使他的情绪更加低落。直到船快到美国时他才松了一口气，但抵达纽约后他却恼火极了，因为对方没得到他的同意，就把费城及巴尔的摩都列入他的访问行程。

　　到纽约的第一天，他逛过百老汇大街，他告诉莫杰斯特那是一条非常奇特的街道，一些九层大楼当中夹杂着一两层的房子，他还为看到黑人数目之多而"感到惊奇"。美国对他的热情接待立刻使他先前的疑虑一扫而空。他的四场音乐会是卡内基音乐厅揭幕的节目之一，而且每一场都很成功。

　　他在 4 月 30 日写给达维多夫的信中高兴地叙说着："我相信我在美国比在欧洲出名 10 倍。刚开始，有人对我提起这事时，我只认为那是善意的夸张；可是，现在我了解确实如此。我的许多作品，甚至在莫斯科都没人知道的作品，也常在这里演奏，我在这里比在俄国时还更像是个重要人物。这真是一件奇妙的事，不是吗？"

　　巴尔的摩及费城的音乐会，证明了他在美国很受欢迎。华盛顿的俄国大使馆在他停留的短暂期间，特别举行音乐晚会向他们的这位爱国同胞致敬。柴可夫斯基在离开美国的前夕，参加了作曲家俱乐部在大都会歌剧院为他举行的惜别酒会。

　　第二天，5月20日，他身心疲惫地乘船到欧洲去，不过因在美国访问期间一切顺利而感到相当满意。他月底回到圣彼得堡以后，更因能和家人及朋友重聚而开心不已。

　　芭蕾舞剧《胡桃夹子》的大纲在7月7日完成，可是柴可夫斯基对它并不满意。他在给达维多夫的信上显示出些微的失望和无奈："……它较之《睡美人》要差得多。我这老人家现在正是江郎才尽……不但头发渐渐变白变少，牙齿也正逐渐脱落，眼睛也越来越不中用，身子很容易疲劳，脚也开始蹒跚不便，最严重的是越来越写不出好作品了。"

　　他看来实在是比50岁要老得多，可是这并没妨碍新歌剧《Yolanta》的编写工作。9月中旬大纲完成以后，他转移精力编写大型交响乐曲《Voyevoda》，并且于11月18日在莫斯科由他指挥举行首度演奏。排练期间，柴可夫斯基曾因朋友们把它与《罗密欧与朱丽叶》及《交响幻想曲》相提并论而极为恼火。

　　他以漠不关心的态度指挥演奏，在休息时间甚至威胁要毁掉乐曲，还说这种不成才的东西根本就不应该写出来。第二天，他果真说到做到，幸好乐曲的一部分事先为人藏起而未被毁掉。以后，《Voyevoda》经他重新改写，于他死后被编为78号问世。

柴可夫斯基在编写《Yolanta》时找到了精神寄托，他在12月底将它完成，随后，他起程到西欧去从事另一次音乐旅行。首先，他在基辅两个音乐会中指挥演奏他自己的乐曲，接着又在卡明卡作短暂的停留。据莫杰斯特回忆说，柴可夫斯基看到他的老住所时，心中难过得很，因为那使他想起了死去的妹妹。

他在1892年1月10日抵达华沙，虽然"交响乐团比二流的还不如"，但他在4天以后举行的音乐会却很成功，华沙的许多名流都宴请柴可夫斯基，其中包括被他形容为"十分可爱"的波兰女伯爵。可是，思乡病仍然使他不能尽情享乐，他感伤地写信告诉达维多夫，在能回到他所喜爱的俄国以前，他是"一天天数着日子和钟表的时分"。

他从华沙到汉堡指挥演奏。歌手和交响乐团都有很好的准备，使他的印象十分深刻，但是歌词由俄文翻译成德文时必须将乐曲作一些细微的改动。柴可夫斯基对这事不在行，只好把指挥棒交给当地的音乐指挥。他告诉达维多夫说："这里的音乐指挥实在很有天分。"

虽然歌剧并没有特别受欢迎，但他认为演唱的成绩"非常出众"。几天后柴可夫斯基抵达巴黎，非常想家并且显得十分忧郁，拿不定主意是否要放弃预定在荷兰举行的音乐会而直接回家去。两天以后他决定不去荷兰，立即返国。

定居克林

他最急迫的工作是把《胡桃夹子》的各部分乐曲集编成组曲，以便在 3 月 7 日圣彼得堡的音乐会中演奏。结果，这组曲很受人欣赏，6 个乐章中有 5 个演奏过两次。两星期后全部芭蕾舞曲完成时，柴可夫斯基前往莫斯科去为三个乐曲的指挥工作履行前约。那是古诺的《浮士德》，鲁宾斯坦的《魔鬼》。

他和歌剧界的关系非常好，因此 5 月 17 日离去时，所有交响乐团中的每一个团员和歌手全都到火车站去为他送行。他前往索伏朗诺夫在克林乡下为他准备的新屋，那地方虽只有一个小花园，景色也极平常，但最大的优点是房间非常大，就一般俄国乡村房舍而言，真是颇不多见。

那里是柴可夫斯基最后的住处。索伏朗诺夫在柴可夫斯基死后将它买下，1897 年交给了莫杰斯特和达维多夫。后来，那地方成为柴可夫斯基博物馆，最后俄国政府取得它的所有权，1941 年曾受德军掠夺，后由俄政府出面将之收回。

柴可夫斯基在克林乡下定居以后，开始起草编写新交响曲，但随即因日益烦躁及患了胃病，而由达维多夫陪伴去西欧治疗。7月底回到克林以后，他又拾起以降 E 调编写新交响曲的工作，同时也把大部分时间用在作品新版的编校上面。

但交响曲谱写工作没有什么进展，他写信告诉尤尔根松说是"没有时间"。他很希望在维也纳的音乐及戏剧展览会中担任音乐

晚年的柴可夫斯基

指挥。他说："维也纳一直对我很不友善，我极想去克服那种敌意。"但他 9 月 18 日抵达维也纳时才发现他所要指挥的，竟然是在一处不比"酒吧"大的地方演奏的小交响乐队。他惊恐地和莎菲曼特及萨伯尔尼可夫跑到她在泰洛尔的城堡中去，因为那里"宁静而且没人打扰"。

他在回国旅途中，参加《黑桃皇后》在布拉格的首演，轰动一时。抵达莫斯科后，由于公务缠身，而且必须出席音乐会及《叶甫根尼·奥涅金》的第一百次演出，他感觉越来越厌烦。他虽成为俄国的一流作曲家，可是内心并不愉快。

《Yolanta》和《胡桃夹子》已经开始排演了，柴可夫斯基在 11 月初去圣彼得堡进行督导。在 12 月 17 日首演时，沙皇亚历山大三世对它们推崇备至，然而这两者都不能算是成功，因为评论普遍不佳，柴可夫斯基 12 月 22 日写信告诉阿纳托里说他"情绪坏透了",又说"舞台布置虽然不错,但芭蕾舞曲却令人生厌"。

以后,人们依然不重视他的这两部作品。即使今天《Yolanta》也一直未能再抬头。在双重的失败下,柴可夫斯基再次逃避到西欧去。莫杰斯特说:"好像有一些无名的力量在迫使他东奔西跑……他不能长久在一处停留,但这主要是由于他常觉得每一个地方都比我们所住的处所要好……"

如果柴可夫斯基想在西欧寻找安逸与解脱,那可真是大错特错。他在 12 月 28 日从柏林写信给达维多夫,说他有意放弃新交响曲的编写工作。几天后他又写信告诉莫杰斯特说:"除了难过以外,别无其他消息。"而且还说第二天要去探望 40 年前的女家庭教师劳妮,因为最近听说她仍健在。

此一番会面,使他"充满恐惧,好像是要进到死人的世界一般"。及至看到劳妮几乎没有怎么改变,而且不像是 70 高龄的人时,他才放下了心:"我流下泪来,但她迎接我时却很亲切而且高兴,好像我们只有一年没见面似的……过去的一切都清楚地出现在我眼前,我似乎呼吸到了沃特金斯克的空气,听到了母亲的声音。"

柴可夫斯基与劳妮郑重道别后,1 月 14 日前往巴黎及布鲁塞尔。10 天以后他又到奥德萨督导《黑桃皇后》的排演及指挥全部都是他自己乐曲的音乐会。他也腾出时间,坐下来让库兹涅佐夫为他画那幅有名的画像。

关于那事,莫杰斯特曾表示了他的看法:"那个艺术家虽然不知道柴可夫斯基内心的情感，但却把他当时身心的悲凄情景全都揣摸及描绘得非常成功……没有任何一幅柴可夫斯基的画像比那幅更为真实和生动。"

经过几个月的辛苦奔走，柴可夫斯基在 1893 年 2 月初回到克林，突然感觉到自己再也没有前途可言了。2 月 9 日他写信给莫杰斯特，说他所需要的是对自己的信心。由于他对自己的信念已经动摇，所以他认为自己担任的角色已经告终了。

他在一个星期后开始编写一首新交响曲。这项工作证明了他所担任的角色绝对没有结束。对全世界来说，那是他所有乐曲中的杰作。

宝刀未老

柴可夫斯基 1893 年 2 月 23 日写信给达维多夫时，第一次提到《第六交响曲》：

想必你已经知道，我在秋天完成的一部分交响曲都已毁弃了。我那样做是对的，因为它们内容空洞，缺乏灵气，实在不好。

我是在 1892 年 12 月要去巴黎旅行时，才有了编写交响曲的念头。现在虽然已经有了大纲，但对所有的人而言它却永远是一个谜。如果谁能猜得出的话，就由他们去猜吧。

这首交响曲充满了主观的情感，我在旅行期间构思时曾常为它流泪。现在回到家后专心编写，不到四天就已经完成了第一乐章，其余部分也都在脑海中构思酝酿完成了。

这部作品在形式方面作了许多创新，例如，最后一个乐章不是大快板，而是采用了具有相当深度的慢板。你绝对想象不出当我知道自己的岁月还没有结束时是多么高兴，当我确信自己仍然有时间完成许多作品时是多么开心！或许我的看法并不正确，但我相信并不离谱。

除了 3 月在哈尔科夫及莫斯科的两次音乐会外，柴可夫斯基一直安心地编写新交响曲，全部大纲在 4 月 15 日完成，进度可谓相当迅速。

早先，他曾答应尤尔根松的请求，要尽量多写点歌曲和钢琴乐曲，为了实践诺言，他把其他工作暂时抛在一边。不久，他写信告诉达维多夫，一切进行顺利，他说："我现在正在积极地编写乐曲，到今天为止已经写到第十首了……奇怪的是我写得越多，就越发地感到工作容易，而且也越高兴去做……如果我能在乡下住上一年，同时我的出版商也准备出版我所有作品的话，那我一年就可赚 3.6 万卢布了。"

这些创作的成品，有编号 72 的《18 首钢琴曲》，还有特地为他堂弟安德列·柴可夫斯基所编写的《军队进行曲》，及根据莫扎特的《第四号钢琴幻想曲》重新编写钢琴乐曲。

前往英国

在 1893 年 5 月 9 日那天，他参加一个 19 岁的学生拉赫马尼诺夫所写的歌剧《阿莱科》的首演。柴可夫斯基对这位不出名青年的作品有很深刻的印象，从许多方面看来，他注定要成为柴可夫斯基的正统继承人。

柴可夫斯基在 5 月底前往伦敦，因为那时伦敦音乐协会正准备举行两场音乐会，许多外国作曲家都要出席，接受剑桥大学的荣誉学位，而且他们的作品也一一地被演奏。这一年对柴可夫斯基来说并不坏，但他却在抵达伦敦时又犯了忧郁症及思乡病。他在写给达维多夫的信中说：

> 我自愿受这折磨，你说是不是很奇怪？难道我是被鬼迷住了？我昨天在旅行途中，有好几次想不顾一切，掉头回去。但没有好的理由就一走了之，而且那是多么失礼！
>
> 昨天晚上我难过得失眠，那真是少有的事。我不但受尽了难以形容的痛苦（我新编的《第六交响曲》

似乎足以表达），而且也为自己不喜欢陌生人和莫名的、不断的恐惧感难过，至于怕的是什么，那只有天知道！

　　他在信中进一步抱怨他的内心的痛苦及两腿无力，发誓说除非是为了"大把的钞票"，否则将不再出国旅行。6月1日他指挥自己的《第四交响曲》的演出，伦敦的听众深表欢迎。他在两天后骄傲地告诉莫杰斯特，说他的第一场音乐会"非常成功"，又说大家一致同意柴可夫斯基获得了实际的胜利，连在他后面演奏的圣桑都为之失色。

　　纵然这次成功是暂时性的，显然它也确实使柴可夫斯基的不愉快暂时消除，因为他说过他对伦敦的第一印象受恶劣气候影响最大："因此我不知道它的乡下到底是个什么样子。天知道，巴黎比起伦敦来只不过是个村落而已！走在这里的摄政街或海德公园时，看到的是那么多的华丽车马，那可真会把人给弄得眼花缭乱。"

　　但是，一星期后，他的旧病复发了，我们发现他抱怨他所必须忍受的痛苦生活，没有片刻的安静，以及永不停止的烦躁、惧怕、思乡与疲乏。他只好自我安慰，不断告诫自己，解脱的日子马上就要到来了。

　　6月12日剑桥大学开始举行颁奖典礼，那一天可以说是让柴可夫斯基解脱痛苦的一天，和他一起出席的有圣桑、布鲁赫。柴可夫斯基发现布鲁赫却是个没有同情心及极为骄傲的人。格里格虽也是受奖人之一，但他因病而未能出席。圣桑是柴可夫斯基的老朋友，同时，还有位名人也和他相处得很好。

那天晚上的音乐会，是由每位作曲家指挥他自己的一首乐曲。柴可夫斯基选择了他的交响乐诗《里米尼的弗兰切斯卡》，结果圣桑对他的"伟大天才及独特的技巧"表示由衷的敬佩。

第二天早晨，这四位作曲家都戴着有金穗子的黑天鹅绒四方帽，穿着红白色的丝长袍去接受他们的荣誉学位。柴可夫斯基对剑桥大学所保留的中世纪奇特习俗，以及它那种像修道院般的古老建筑留下极深的印象。同时，他也非常惊奇于他自己对此地的亲切感。

次日，他离开英国，前往巴黎。柴可夫斯基写信告诉康德拉契耶夫，说现在一切都已过去，回想起在英国每个地方访问时，他们对他那么亲切，确实令人欣慰。但由于他的脾气古怪，因此他在那里时并不开心。

柴可夫斯基回到莫斯科时听到了阿里布列赫特和席洛夫斯基都已去世的坏消息，同时，他的朋友阿布赫金也生命垂危。莫杰斯特回忆他哥哥当时的异常反应时，曾这么说："早几年前遇到这样的伤心事时，难过的程度比现今要严重得多。现在，他似乎对于死亡的看法不那么迷惘和惧怕了。究竟是他现在的感觉较为迟钝，还是近年来的痛苦遭遇使他了解到死亡经常是一种解脱呢？我真是说不出来。我只想强调一件事实，从他自英国回来以后，直到他死亡时为止，虽然坏消息一再传来，他却始终保持像往常一样的愉快、平静。"

当他安全地回到克林时，随即就开始编写《第六交响曲》。尽管他在管弦乐曲方面经常遭遇困难，仍旧在八月底将它完成了。他高兴地写信给尤尔根松："当我知道我已经完成了一件好的作品时，说老实话，我从来没有感觉如此自满，如此骄傲，及如此快乐。"

但在给达维多夫的信中，他却表示有关音乐界对他新作品的反应如何，他比较没有信心："如果这新交响曲首先遇到的是毁诋或无人欣赏，我认为那是很自然的事，一点也不值得惊讶。不过，我认为它是我所有作品中最好的，我爱它的程度比爱我以前任何一首乐曲都深。"

他在听到阿布赫金死去的消息时，依然处之泰然；但在同时期写给尤尔根松的信中，他却明白表示梅克夫人的事仍旧困扰着他。他说："人们如果也看过这些信件的话，我相信他们会认为火变成水也许比她停止对我的补助来得可能。当她准备把所有的财产都给我时，人们一定奇怪，我怎么能满足于那样微不足道的一点点数目。但突然间，什么都没有了。更重要的是，我居然还真正相信她已经破产。实际上却不是那么回事，那只是一个女人的多变而已。这事真让人恼火，但是我并不在意。"

《悲怆交响曲》

在短期访问过汉堡以后，柴可夫斯基开始了去年秋季未完成的交响曲第一章的编写工作，然后在搁置了一段时间后，又把它拿来作为一首新钢琴协奏曲的第一章节。这单章是以后出版时编为 75 号的《降 E 大调第三钢琴协奏曲》。

柴可夫斯基在思考新计划时，总是把歌剧列为优先，他再次要求他弟弟莫杰斯特为他寻找一个合适的题材。他于 1893 年 10 月 19 日离开克林，准备到圣彼得堡，指导《第六交响曲》首演的排练。当火车经过伏罗洛夫斯克村时，他对同车的旅客指着教堂墓地说："我死后要葬在那里。"

虽然他也对塔涅耶夫表示，他死后希望葬在伏罗洛夫斯克的教堂墓地，但这些话都不应该看做是他即将死亡的前兆，那可能是他刚在莫斯科参加过他朋友泽利夫的葬礼，有感而发的。事实上，10 月 22 日抵达圣彼得堡时，他的身体和精神的确都很好。

6 天后，柴可夫斯基在俄国音乐协会举办的季节性音乐会揭幕时，指挥新完成的《第六交响曲》演奏。正如他所预料的，这首作品并未引起听众的共鸣，报界的反应也很冷淡。只有一个评论家对它表示推崇。柴可夫斯基一生当中，经常对报界及其他方面的敌意批评非常敏感。现在，正是他的生命将告结束时，他却对一切置之不理，始终相信他这首交响曲是"他已经编写完成或将要编写的乐曲中的最佳作品"。

在音乐会过后第二天早晨，莫杰斯特发现柴可夫斯基用早餐时精神很好，他的面前放着那份乐曲。莫杰斯特回忆说：

> 他同意在当天把它送给尤尔根松，但名称尚未确定。他不想只给它编个数字，甚至原本想要称呼它为"标题交响曲"的想法也放弃了。"为什么要那样？"他说，"我根本不愿给它起那个名称。"我建议可用"悲剧"作为它的名称，但他也没同意。当我离开屋子时，他仍旧拿不定主意。我突然想起"悲怆"两个字，于是就又回到屋中告诉他。他听到以后叫起来。

> 我觉得这情形恍如昨日，依旧历历在目。他说："好极了，莫杰斯特，那真是再恰当不过的了，我们就叫它《悲怆交响曲》。然后，他就当着我的面，给《第六交响曲》加上了这个令人熟知的名字。

有一件莫杰斯特没有透露的事，那就是柴可夫斯基在几个小时后又改变了主意。他写信告诉尤尔根松，要求他在乐曲的标题页上只印"献赠给达维多夫"的字样，并编出交响曲的号数，及写明作曲者的姓名，此外别的东西一概不要。尤尔根松没有理会他的要求，于是《悲怆交响曲》才得以留传于世。

这支交响曲没有正式标题并不奇怪，不过在他死后所发现的一份草稿中，或许不难发现他的想法："这交响曲的终极精义是生活。第一部分完全是代表着热诚、信心及渴求活动。它必须短一点（最后的乐章表示死亡——那是崩溃的结局）。第二部分代表爱情；第三部分代表失望；第四部分代表死亡（也必须简短）。"

《悲怆交响曲》中的音乐并不像《第四交响曲》那样，它没有表示人和命运的斗争；相反，它意味的是人们必须接受生命的常态。不过以这种方式来讨论音乐，经常有一种危险，究竟交响曲中包涵的是什么，那就得全凭每一个聆听的人自己去发掘了。如果他在音乐中出现悲观与失望的情绪，他应该记得莫杰斯特曾说过，柴可夫斯基在编写这乐曲时是"心满意足"。

他甚至还拿死亡开玩笑，他曾向一个做演员的朋友说过："在我们死去以前还有的是时间，现在我们都还不会死！我觉得我将活得很久。"这时，进一步的迹象显示他并没有死亡的征兆，同时也不像传闻所说的，他正在考虑自杀。

《悲怆交响曲》演出之后，在给尤尔根松的信中，他立即把听众的反应简单地告诉了他，说他已经对工作恢复了信心，最后还加上一句话："我们马上就可谈这件事，因为我要在星期六到莫斯科去。"那几乎不是一个垂死的人所说的。但是以后确实如何，现在仍然有各种各样的传说。

生命的尽头

在写信给尤尔根松之后的第三天早晨，柴可夫斯基没有吃早餐。他告诉莫杰斯特说自己因消化不良一夜未睡，实际上他到一家酒馆喝酒，一直到凌晨两点才离开。

后来，他在11月2日到纳甫拉尼克去，但回来的时候病情未见好转。不过，他不让莫杰斯特为他请医生。使得莫杰斯特及达维多夫大为惊恐的是，柴可夫斯基在餐桌上喝了一杯生水，他们事先曾警告说那很危险，因为霍乱又在这个城市发生。

柴可夫斯基似乎对这个夺走他母亲生命的可怕传染病并不以为意。下午的时候，医生到来，他已病得非常厉害了。傍晚时莫杰斯特感觉事态严重，特地请来一位圣彼得堡最有名的内科大夫。大夫看到柴可夫斯基的病状后，立刻将当医生的弟弟也找来共同会诊。

柴可夫斯基越来越衰弱，开始诉说他的胸口疼得厉害。他告诉莫杰斯特说他相信这就是所谓的死亡。

第三位大夫又被请来了，他们一同诊治柴可夫斯基的疾病。围绕在他病床的人整夜都在想方设法使他减轻痛苦，看来他们的努力在第二天早晨有了一些效果。柴可夫斯基感觉好些了，说自己已经从死神的虎口中被救将出来。

但是，柴可夫斯基病情的好转仅仅是昙花一现。第三天他的病情又严重了。他相信自己即将死去，因此命令医生们全都离开。他随即就进入第二期的最危险状态，肾脏功能已经消失，精神也开始错乱。

索伏朗诺夫从克林前来探望，但他的主人已经神志不清，认不出他来了。最后医生以热水浴为他作孤注一掷的最后治疗，结果仍无济于事。尼古拉请来一位牧师为他作临终圣礼仪式。莫杰斯特说，柴可夫斯基在昏迷状态中，始终不停地以一种恼怒或责备的口吻提到那个"该诅咒的人"，莫杰斯特认为柴可夫斯基指的是梅克夫人。

1893 年 11 月 6 日早晨 3 点，柴可夫斯基带着一种"清楚认知的不可形容的表情"离开人世。三位医生和他的兄弟

柴可夫斯基的雕塑

尼古拉、阿纳托里、莫杰斯特，以及达维多夫、忠诚的仆人索伏朗诺夫都在床边陪伴着他。

柴可夫斯基的真正悲剧是他一生中的大部分时间都是在敏感与苦闷性格所构成的幻想与恐惧的阴影下度过。正当他要从这阴影中逃脱，从而达到创作能力的巅峰之时，这种幻想与恐惧的阴影顿时变成了事实和命运，无情地把他带离了人间。